Todos los libros de Linkgua Ediciones cuentan con modelos de Inteligencia Artificial entrenados por hispanistas. Pregúntale al chat de tu libro lo que desees acerca de la obra o su autor/a.

Para ebooks: Accede a nuestro modelo de IA a través de este enlace.

Para libros impresos: Escanea el código QR de la portada con tu dispositivo móvil.

Obtén análisis detallados de nuestros libros, resúmenes, respuestas a tus preguntas y accede a nuestras ediciones críticas generativas para una experiencia de lectura más enriquecedora.
La transparencia y el respeto hacia la autoría de las fuentes utilizadas son distintivos básicos de nuestro proyecto. Por ello, las respuestas ofrecen, mediante un sistema de citas, las fuentes con las que han sido elaboradas.

Tadeo Javier Henis

Diario histórico de la rebelión y guerra de los pueblos guaranís

Barcelona 2024
Linkgua-ediciones.com

Créditos

Título original: Diario histórico de la rebelión y guerra de los pueblos guaranís.

e-mail: info@linkgua.com

Diseño de cubierta: Michel Mallard.

ISBN rústica ilustrada: 978-84-9953-382-7.
ISBN tapa dura: 978-84-1126-004-6
ISBN ebook: 978-84-9897-038-8.

Sumario

Brevísima presentación

La vida

El *Diario histórico de la rebelión y guerra de los pueblos guaranís* es una crónica de los conflictos coloniales entre España y Portugal durante el siglo XVIII, en el territorio de Río Grande del Sur.

Diario

A mediado del mes de enero del año de 1754, confederados a los Guaranís los Guanoas gentiles, que diligentemente ejercían el oficio de exploradores, hicieron saber a todos los habitantes de los pueblos, que a las cabeceras del Río Negro se veía un numeroso escuadrón de portugueses. Con esta noticia se tocó al arma por todas partes, se despacharon por los pueblos presurosos correos, se hicieron cabildos, se tomaron pareceres, y unánimemente proclamaron que debían defenderse.

El día 27 de dicho mes salieron armados del pueblo de San Miguel 200 soldados a caballo a recoger la demás gente de sus establos, o estancias, hasta llegar al número de 900. Después siguieron 200 del pueblo de San Juan, y otros tantos de los pueblos de San Ángel, San Luis y San Nicolás, con ochenta de San Lorenzo: de suerte que todos eran 1.500, y fueron repartidos para defender los confines de sus tierras.

Mientras se disponían estas cosas cuidadosamente, el día 8 de febrero se avisó de las estancias vecinas de San Juan, que están a las orillas del Río Grande, por los indios de Santo Tomé que a la sazón en sus montes fabricaban la yerba según acostumbran, que no lejos de ellos había gran número de gente portuguesa, y que amenazaba de muy cerca a los pueblos, porque apenas distaban 20 leguas de ellos.

Casi al mismo tiempo avisaron de las estancias más remotas de San Luis, las cuales están a las orillas del mismo Río Grande, límite antiguo de división entre las tierras guaranís y portuguesas, que se veía un trozo de enemigos portugueses, que ya habían pasado el río en algunas barcas y canoas, y que en un bosque vecino habían construido dos grandes galpones, y que tenían también muchos caballos y armas. Habiendo yo sido llamado, marché al socorro de los estancieros de los circunvecinos campos y de otros pueblos, y también para que se transfiriese a tiempo a aquel paraje el ejército que había salido de los pueblos contra los invasores, y estar así apercibidos para resistir unánimemente a todos los enemigos.

También se esparció por entonces cierta voz, que así como alegró los ánimos de los soldados, los encendió y levantó a esperanzas de mayores cosas. Decía esta, que doce carros con alguna gente, pertrechos y caballos, habían pasado el Río Uruguay, en el paso que llaman «de las Gallinas», pero que por los confederados bárbaros, Charruas y Minuanes, parte habían sido heridos, parte dispersos y muertos: que los animales habían sido retirados lejos y los carros quemados. Parece que dicho rumorcillo no era del todo vano: porque, volviendo un alcalde de Santo Ángel de las tierras de sus estancias, lo contaba así como lo había oído a algunos de los confederados vencedores, que acababan de llegar.

Alegres y alentados con uno y otro aviso, se alistaron nuevos reclutas; y después de haberse fortalecido con el sacramento de la penitencia y de la eucaristía, por espacio de tres o cuatro días, 200 del pueblo de Santo Ángel (porque a estos amenazaba el peligro de más cerca) revolvían las antiguas memorias, de que pocos años antes por este mismo camino, cierto portugués había penetrado hasta su pueblo, a quien, aunque los estancieros compatriotas conocían, ahora sospechaban que fuese espía. También salieron armados casi 200 de cada uno de los otros pueblos, y hallaban 100 del pueblo de Santo Tomé en el mismo sitio haciendo yerba, y sesenta del de San Lorenzo juntos en la misma faena, que con los estancieros vecinos componían un ejército de casi 1.200 hombres.

Mientras se preparaban a esta expedición el domingo de Septuagésima (era muy de mañana) uno me habló en nombre del capitán del ejército, y pidió fuese con ellos por procurador y médico espiritual. Me excusé de esta carga por las conocidas calumnias, que los portugueses y españoles acostumbran forjar, como poco ha me lo había enseñado la experiencia: empero, considerando que si acaso alguno del ejército adolesciese en el camino de alguna grave enfermedad, o se postrase con alguna herida, había de ir luego al punto a confesarlo, si me llamasen, condescendí, por tener la cierta y suprema vicaría potestad de Cristo. Juzgaron los capitanes que tenían en sí dicha autoridad, para que ninguna alma sea privada de los sacramentos, y salvación sin culpa proporcionada, y así disponían la expedición, limpiándose de las manchas internas de los pecados.

Finalmente, habiendo salido de sus pueblos hacia los montes de los yerbales, a tres días de camino los más cercanos, otros llegaron de partes más remotas: mas luego que oyeron que el rumor del enemigo había sido falso, habiendo enviado exploradores, corrieron estos toda la tierra, y no habiendo hallado vestigios algunos de enemigos, sino solamente algunos fogoncillos, dejados de los bárbaros, y habiendo averiguado que el rumor sobredicho había sido esparcido mañosamente por los indios fugitivos de Santo Tomé que estaban haciendo yerba, se restituyeron a sus propios pueblos: aunque es de advertir que después los mismos portugueses confesaron que 200 Paulistas de los pueblos circunvecinos se habían acercado: pero que vista de las copas de los árboles la multitud de los indios, se habían retirado.

La noticia de haber tomado aquellos doce carros y cañones no se confirmaba, la mentira con el tiempo se iba olvidando, y ninguna confirmación venía de las estancias de San Luis.

El día 3 de mayo por la noche llegó un correo que avisó que los soldados de San Luis y San Juan habían acometido a los fuertes que los portugueses tenían ya hechos de estacas en el Río Grande: pero que les salió mal su intento, porque habiendo los nuestros acometido al amanecer del 23 de febrero el pago de los portugueses que ya estaba fortificado, estos huyeron al principio, pero habiendo después vuelto sobre los indios que estaban entretenidos en los despojos, mataron a escopetazos a catorce Juanistas y a doce Luisistas, y los obligaron a huir, habiendo muerto también algunos de los portugueses. Cuando se retiraron los indios, volvieron a oír por otra parte los fusilazos, y sospecharon que los Lorenzistas estaban en acción. Se esperaba más extensa noticia de todo, pero después se esparció por los pueblos un rumor lamentable.

También por este tiempo se avisó que en los campos de Yapey se veían 800 españoles, y que habiendo huido los estancieros, se habían apoderado de los rebaños de ovejas. Se dudó de la verdad de este caso, y los capitanes de los demás pueblos se juntaron en consejo con el de la Concepción (que era entonces el supremo): mas, lo que se acordó, quedó ignorado.

Ya se hablaba con más fundamento de la acción de los Luisistas, de cinco años a esta parte, en un extremo de las tierras de San Luis: entre los ríos Grandes, Verde, Yacui y Guacacay, los portugueses se habían establecido en un bosque, y habían edificado un pueblo de bastante número de casas, sin noticia de los dueños de la tierra, que a corta distancia apacentaban sus ganados: y aunque muchas veces habían sido enviados a explorar tierras, nunca llegaron a aquellos términos, ya por lo vasto de aquel territorio, ya por su innata pereza. Ahora finalmente en esta variedad de cosas, habiendo descubierto los más vigilantes dicha colonia enemiga, y habiéndola explorado, fueron a atacarla 110 Luisistas, y casi 200 Juanistas. Emprendieron la expugnación el día 22 de febrero; la noche del 23 se arrimaron a ella, y hecha irrupción al amanecer fácilmente pusieron en huida a los moradores, que estaban desprevenidos. Habiéndose apoderado del pueblecito, entraron en las casas, y se ocuparon del botín, dejando las armas. Entretanto el enemigo que había huido, volvió sobre los que estaban entretenidos en el saqueo y sin armas, y les obligó a ceder otra vez el pago, porque con el rocío de la noche, y con haber pasado los ríos a nado, se habían inutilizado las escopetas, no pudiendo tampoco manejar las lanzas por la espesura del bosque. Sacadas pues de las casas sus armas, atacaron a los indios, y les obligaron a cederles el paso, para retirarse a sus reales. Murieron de una y otra parte algunos: de los indios veintidós, entre los cuales fue uno el alférez real de San Luis (capitán valeroso de los indios) que, desamparado de los suyos y peleando valerosamente hasta el último, fue aprisionado por la muchedumbre, y habiéndole atado las manos, murió lanzeado por los enemigos que cargaron sobre él. De los portugueses parece que murieron doce, quedando los demás heridos levemente, y de los nuestros salieron heridos veintiséis. Volvieron dieciséis Luisistas para observar el movimiento del enemigo y también para enterrar los muertos, aunque fuese por fuerza. Los demás se retiraron a sus tierras y poblaciones, esperando nuevos socorros. También el resto de los Luisistas volvió a su pueblo, no sé si de vergüenza, si de temor, o por alguna mutua disención.

Después en el mismo pueblo se alistaron nuevos reclutas, y porque acaso, como los prisioneros que perecieron en la guerra no fuesen desamparados de médico espiritual, llamaron para el socorro de sus almas a aquel que por el mismo tiempo había hecho la misión de Cuaresma en aquel mismo lugar. Consintió este a tan piadosas súplicas, recargado sin duda de los remordimientos de su propia conciencia, y tomando a su cuidado la vida y almas de aquellos indios que estaban en peligro. Luego que volvió a su pueblo, se previno para el camino, y partió a las estancias que están a la falda de la montaña. El día 3 de marzo le siguió después un escuadrón armado, aunque con paso lento, atendiendo a la debilidad y fatiga de los jumentos, y formó el campo a 12 de abril en los ríos Guacacay, Grande y Chico. Pasaron el río los capitanes de San Luis con los de San Juan cerca de su boca, para avisar a los de San Miguel, que viniesen en su auxilio, porque era necesario cargar al enemigo con mucha gente, ya que por la situación era superior y más fuerte. Pero, discordando los confederados, redujeron su negocio e interés común a contienda, porque estos desde su colonia de San Juan, todavía resentidos de los Luisistas, por un reciente escándalo o tropiezo, y por no haberles pedido y rogado la alianza para el asalto que se acababa de hacer; y ofendidos ahora por el modo en que los habían convocado, se arrojaban mutuamente chispas de discordias. Aquellos reprochaban a los mismos dueños de las tierras el haberse realizado casi toda la sobredicha invasión poco favorablemente, por haber sido los primeros que habían huido, y dejado en el peligro a sus compañeros; y por lo mismo rehusaban volver otra vez a probar fortuna.

Se negoció con unos y otros: con estos de palabra, con aquellos por escrito, para que se concordasen y uniesen sus ánimos y las armas, casi con este cúmulo de razones: «Que no era tiempo de civiles disenciones, estando un enemigo extranjero a la puerta: que los hermanos las más veces discordan para deshonra suya, cuando más urge el mal que los amaga: que se debían unir las fuerzas para que cada una de por sí no fuese otra vez desecha, y por una funesta disención creciese al enemigo vencedor la audacia y soberbia: que las saetas una por una son fáciles de romper, pero no siendo unidas: cuando se quema la casa vecina, todo ciudadano acude al socorro, y así como abrasándose una casa, toda la ciudad se volvería a cenizas si los ciudadanos o vecinos no las defendiesen, así les sucedía a ellos». Estas y otras cosas semejantes les fueron propuestas, y pareció que se apaciguasen los ánimos. Añadió no poco pesó una carta que llegó del cabildo de San Juan, la que persuadía a la unión, y a la obediencia a entrambos capitanes.

Se esperaba de los Miguelistas, o un escuadrón auxiliar, o sus respuestas. También se decía, que los Nicolasistas y Concepcionistas ya venían: los Lorenzistas se excusaban de no haber venido antes de ayer, atribuyéndolo a la larga distancia: los demás preparaban sus armas, y habiendo sido enviados algunos a explorar, observaron la marcha y movimientos del enemigo, y con ansia pedían se juntasen prontamente todas las legiones. Mientras esto se decía, se avanzaban hacia el Río Grande, a quien los indios llaman «Igay», esto es, amargo.

Estaba tranquilo el Río Uruguay, todas las cosas estaban en silencio de parte de los españoles, y aquel grande aparato bélico se quedó en proyecto; ni el invierno que ya había empezado, permitía otra cosa. De la junta reciente que se había celebrado, salieron por embajadores a los de Yapeyu, de cada uno de los pueblos de la otra banda del Uruguay, y también a algunos más remotos, los principales caciques: porque como corrió la fama que los ánimos de aquellos moradores estaban discordes, y que unos con los próceres, se inclinaban con unánime sentir a la confederación para reprimir al enemigo, y otros con el capitán del pueblo, no querían tomar las armas, fueron allí para renovar y promover la alianza, y atraer a su partido al capitán con todo el pueblo. A la verdad que estuvo oculto el ejército, pero esta embajada llenó de gozo a una y otra Curia o consejo: unió los próceres con el capitán, y al pueblo con los próceres, y portándose a su modo magníficamente, se volvieron a sus propios lugares, formada y pactada la confederación: y juntamente contaron por cierto, que no se veía enemigo alguno, y sí solamente algunos ladrones y espías, que habían sido muertos y despojados de todas sus caballerías.

Por este tiempo el cura de San Borja, habiendo sido llamado poco ha por los superiores, y habiendo sido enviado al de la Trinidad, se decía que también había bajado por el Paraná a las ciudades de los españoles, y que otro había sido puesto en su lugar; después que primero el cura de San José por algún tiempo cumplió allí una comisión y pesquiza secreta. Estas cosas sucedían en la frontera de los españoles.

Y volviendo a los nuestros, y a los portugueses, se acercaban ya los Miguelistas con su capitán, que poco ha se había retirado de los otros pueblos (este era Alejandro, vicegobernador de San Miguel) y la cierta venida de aquellos la publicaba la fama, y la confirmaba o testificaba Sepe, uno de los más famosos centuriones.

Entretanto se celebraba en el campo la semana santa con la devoción posible; y cumplidas las ceremonias y ritos de la iglesia, que el lugar y tiempo permitían, de la Conmemoración de la Pasión Santísima del Señor, al tiempo que en las iglesias cantan solemnemente el «Alleluya», aparecieron dos piezas de artillería con sus guardas y custodias. Bajando después de los collados, y formados los escuadrones debajo de seis banderas, presentaron más de 200 hombres. Salieronles al encuentro los escuadrones Luisistas con sus dos banderas, y saludándose mutuamente, llevando su Santo Patrón y otras imágenes de santos (los que esta gente acostumbra traer siempre consigo) a una capilla hecha de ramos de palma, y habiendo corrido los caballos, y hecho a su usanza ejercicio de las armas, se fueron a un paraje cercano, y se acamparon en lugar señalado para los reales.

El día siguiente, que era el de la Resurrección del Señor, y 12 de abril, celebrada antes la solemnidad (es a saber, con procesión y misa solemne) uno de los capitanes se fue a los Juanistas, los que, aunque estaban vecinos, no acababan de llegar, y dijo, que vendrían al día siguiente, esto es, el tercero de Pascua. Impacientes los Miguelistas de la tardanza, y estimulados con las antiguas disenciones, rehusaban esperar, y estuvieron firmes en tomar solos con los Luisistas el camino hacia los enemigos.

Se les exhortó con razones ya sagradas, ya políticas: es a saber, ser débiles las fuerzas que no corrobora la concordia: que esta nunca la habría si se buscaban nuevos motivos de desavenencia; que no se debía solamente confiar en las propias fuerzas contra un enemigo que, aunque inferior en número, les aventajaba en el sitio, la destreza de las armas de fuego y la experiencia: que eran vanas también todas las fuerzas de los hombres, y vana la multitud, si el señor de los ejércitos que nos fortalece no las protege: que entonces no hay esperanza ninguna de victoria: que Dios aborrece las enemistades: que se ahuyenta con las discordias, y se enajena o pone uraño con las disenciones. El mismo predicador puso por ejemplo su sufrimiento, que había esperado por espacio de dos meses; y así esperasen un día, los que habían sido esperados por meses. Callaron los capitanes, y consintieron esperar hasta el día postrero de Pascua.

Los Lorenzistas volvieron otra vez con sus excusas, exponiendo la debilidad y cansancio de sus caballos, y por tanto decían, que enviarían treinta soldados al socorro, que ellos se defenderían por sus tierras, y por otra parte pelearían con el enemigo. Pareció frívola la excusa, porque los otros habían andado más largos caminos en caballos asimismo cansados; ni parecía que se debía contemporizar con los animales, estando en peligro la tierra. Y por tanto no se admitió la excusa, y se les avisó que si tardaban, custodiasen ellos sus casas, y mirasen a lo porvenir. Tampoco pareció oportuno esperarlos, porque como estuviesen los demás distantes o retirados, habían de causar una tardanza perjudicial, ni tan poquita gente (eran cerca de sesenta) podía dar tanto socorro para indemnizar el daño que se juzgaba causaría su tardanza.

Era ya el día que debían llegar los Juanistas, y aun se había pasado, y con todo no parecían, no obstante su campo apenas distaba 3 o 4 leguas. Poco después de mediodía, llegó del paso de San Juan el alcalde de primer voto, que era enviado por el cabildo y los pueblos, para que tomase el gobierno en lugar del alférez real, quien mandaba su destacamento, y era el cabeza y caudillo de las disenciones; lo que ya se había hecho saber a aquellos que mandaban en el pueblo. Luego al punto fue despachado, y se le encomendo diese prisa a los suyos: vino finalmente con algunos de ellos después de vísperas, y fue recibido como antes de ayer, de los Miguelistas. Pero se traslucía en todos su mal ánimo, porque venían sin banderas, sin pompa, y con un triste silencio; y la misma alma de la guerra, que son los tambores y trompetas, apenas resonaban. Con eso se ajustaron después de vísperas, y cada uno dio sus consejos, y pareció que todos conspiraban a una misma cosa.

Después al día siguiente, que era el 17 de abril, al salir el Sol, invocaron el Santo Espíritu del Señor con una misa solemne, y del modo que permitía el tiempo: no faltaron quienes se fortaleciesen con el sacramento de la penitencia y comunión. Después hecha señal, enlazaron los caballos, los ensillaron, quitaron las tiendas, fueron a la capilla, y se ofrecieron al Señor con las oraciones y ritos que acostumbra esta gente. Finalmente a la falda del collado se formaron los escuadrones, pasaron revista, los numeraron, y no pareció estaba entero o cumplido el ejército, porque aún no habían pasado el río los escuadrones de San Juan, ni los que estaban allí salían de sus reales, demostrando su ánimo no aplacado bastantemente. Los que entonces estaban presentes, pareció que llegaban al número de 200, debiéndose aumentar a 500 más, luego que se juntasen todos. Entretanto se emprendió el camino con alborozos, a son de trompetas y cajas.

Pasado el río Guacacay Chico, al pie de las mismas montañas, se hizo noche 7 leguas distantes de la estancia de San Borja: la siguiente se hizo pasados los cerros de «Ararica». Habiéndose llegado a este sitio, salieron al encuentro los exploradores, los que allí fijaron un palo, y trajeron por novedad que el enemigo había fortificado el bosque con faginas y garitas de tierra, y que no pasaban el número de cincuenta hombres: empero apenas supieron decir cosa cierta. Se les mandó expusiesen todo lo que sabían; y habiéndoseles pedido después a los capitanes su parecer, dijeron que nada importaba, que ellos irían intrepidamente confiados en el divino auxilio, en la justicia de su causa, en la muchedumbre de su gente, y también en la calidad de su artillería, mayor que la del enemigo. Se hizo alto en el mismo lugar. Con todo eso, la sospecha que recientemente se tenía de algunos de los pueblos (es a saber que había entre los Luisistas uno que tenía secreto comercio con el enemigo) parece que se confirmaba: porque la noticía de las cosas exploradas del enemigo, habiendo solo distancia de casi tres días de camino; las continuas quemazones de los campos, hechas por los exploradores hacia los enemigos, y la misma tardanza en el andar de aquí, daban algún crédito a lo que se decía. Pareció a los capitanes que debían acreditar esta sospecha, lo que se ejecutó. Mas los Luisistas dieron claro indicio de su disgusto, cuando al día siguiente, después que se hizo el camino de casi 7 leguas, acampamos en las orillas del río Yaqui o Phacido; porque entonces el capitán de aquel pueblo ofreció que el formaría el ultimo escuadrón, y más distante del río, y de esta suerte mejor se cortaría a los suyos cualquiera comunicación que tuviesen con el enemigo. La disposición fue buena, pero la razón que se dio, manifestó el ánimo resentido del que la alegaba, porque «así (añadió) mejor se conocerá cual sea nuestra culpa».

En el mismo lugar se presentó uno de los que mandaban la artillería, y dijo no haber provisión de pólvora más que para cuatro tiros de artillería: y este aviso causó no poco cuidado, porque pedir ahora la pólvora a los pueblos, parecía imposible, estando distantes 100 leguas; y era vergüenza, estándose ya cerca del enemigo, faltar el alma de los cañones, y mostrar las piezas mudas que no tronarían más que una vez. Se pidió el parecer del capitán superior, mas este afirmaba que había diecisiete cargas, y para cada cañón cuatro; y aun más, fueron traídas: entonces se vio claramente la mentira del artillero; con todo se sentía la poca providencia que se había tenido en esto.

El sabado «in albis» se empezó a pasar el río Phacido o Yagui, y fue hallado mayor que lo que se había pensado: porque en aquel lugar es más ancho que todos los ríos que corren entre estos pueblos, si se exceptuan el Paraná y el Uruguay: por tanto se tardó en pasarlo, y apenas este día lo transitaron los Miguelistas.

Al otro día, por una grande lluvia, con dificultad pasaron los Luisistas; y los Juanistas, como todavía esperasen socorro de los suyos, determinaron pasar con el último escuadrón, y así impedidos el lunes con la misma lluvia, cerca del anochecer lo vadearon a nado, llevando a hombro sus cosas.

Por este tiempo, pasado el domingo, nuestros exploradores, a quienes por seguridad se mandó vigiar el campo, hallaron cinco exploradores Lorenzistas, que llegaron a los reales después de vísperas. Dijeron que también los suyos pasaban el río unas pocas leguas distantes de aquí; y que también ellos habían de ser compañeros del ejército en el camino. Uno de estos, a la primera noche, cuando todos dormían cerca del bosque, llegó herido terriblemente en la cara por un tigre: curósele, y habiendo sido enviado al pueblo, los demás se fueron a los suyos a avisarles la llegada del ejército.

El Martes, habiéndose disipado el granizo y la niebla, se encaminaron 8 leguas, desde las orillas del Río Yagui hasta el Río Curutuy; y allí se acampo a la vista de un peñazco del monte San Miguel, llamado del Lavatorio por los Ibiticaray. La figura de este peñazco es del todo admirable, porque como desde su raíz se eleva suavemente, de repente se levanta hasta la cumbre, y en el remate se endereza a manera de pared.

Miércoles 22 de abril: aunque estuviese malo con garua y nubes, vistas las orillas del río, lo hallamos crecido de tal suerte, que no teniendo en otras ocasiones apenas cinco pasos de anchura la puente que era indispensable echarle, se debía extenderlo a sesenta. Se fabricó dicho puente con palos clavados en el arroyo, afianzados estos pértigos con varas, y sobre estas se entretejieron otras a lo largo: y así dieron paso a la gente. Por este puente, fabricado a toda prisa, las cuatro piezas de artillería se transportaron primeramente en hombros de los indios, y después todo el tren de armas y caballos: hubieras visto con risa a un muchacho indio pasar a la otra parte su perro sobre los hombros. Pero la mayor dificultad y trabajo fue pasar las tropas de caballos, bueyes y vacas, que eran más de 3.000; porque como el arroyo era rápido, y poblado en el medio de muchas malezas y arbolillos, a los que nadaban, o del todo los arrebataba, o los enredaba, y también los sorbía y ahogaba. Se echaron pues al arroyo, por una y otra parte, veinte nadadores, que impelian, arrimaban y forzaban con las voces y manos a los caballos, mulas y otros animales, hasta tanto, que todo aquel gran número hubo pasado el río. Al mediodía estuvo ya todo el ejército en la otra banda, y caminadas aún el mismo día 2 o 3 leguas, cuando se había ya campado, treinta Lorenzistas, que seguían el ejército, lo aumentaron en algo, aunque menos de lo que se esperaba.

Seguiase después la fiesta de San Marcos, y se invocó el auxilio de todos los moradores celestiales, con la misa, y letanías que se acostumbran en la iglesia, dentro del toldo o pabellón, porque el mucho heno o yerba, con la lluvia y tempestad de toda la noche, impidió la procesión, y porque todavía amenazaban las nubes un próximo aguacero. Hasta el mediodía estuvieron separados: mas tomadas las medidas militares, aunque un denso rocío humedecía la tierra, se caminaron 3 leguas, y quizás 4. Esta noche el ejército se mantuvo en sus reales, porque los exploradores que fueron enviados antes de ayer no habían vuelto. El mismo supremo capitán había determinado ir a buscarlos, y habiéndolos encontrado después de entrada la noche, y pedidoles cuenta de lo que habían visto, ninguna cosa cierta dijeron, sino que casi en este lugar y a la vista estaba el enemigo. Esta noche, y en adelante, se puso silencio a las trompetas y cajas, para que el enemigo no sintiese la venida del ejército: también la estrella llamada Sirio serenó la noche, y asimismo el día siguiente.

Al rayar este día se caminaron casi 3 leguas, porque no se había de pasar adelante, si no es que incauto el ejército se acercase demasiadamente al enemigo, y se presentase a su vista: fijaronse los reales, no en círculo como otras veces, sino en dos líneas, en orden de batalla, distante solamente 2 leguas de los contrarios. Habiendo sido enviado por el río Azul arriba, hacia el norte, algunos que sondasen las aguas, por si acaso se hallase un vado más fácil, porque en verdad no convenía pasar por el paso nuevo, ni tampoco por el que tenían fortificado con centinelas los portugueses, para que de esta suerte el enemigo fuese acometido más inopinadamente, y toda la tropa vadease el río sin obstáculo y repugnancia, más fácilidad y desahogo. También algunos baqueanos fueron por espacio de una legua y media a explorar la fortaleza del enemigo, de modo que distásemos solamente media legua, del otro lado de un rincón o ensenada de un bosque. Se conoció, que había dejado su primera situación, y quemadas las primeras cabañas o ranchos, se había situado poco más arriba, en un collado lleno de monte, el cual, por la parte que mira y toca los dos ríos, Phacido y Azul, acabando todo en un ángulo con el bosque, mostraba la tierra hacia la llanura: pero estaba está fortificada con una estacada desde una punta del bosque hasta la opuesta: en el medio se veían palos clavados en la tierra para los ranchos, y algunos galpones del todo acabados. Se oyó también el tiro de una escopeta, al tiempo que se exploraban estas cosas, mas no se juzgó fuese señal del enemigo que estuviese vigiando. También se vio en el campo, de esta parte del río, entró una alta maciega, algo que corría velozmente: se sospechó que fuese espía del enemigo, pero otros más probablemente la juzgaron avestruz. Después de vísperas, se halló que ya no había para el sustento del ejército más que un poco de cecina cocida, de modo que no había víveres sino para un día, por la ninguna providencia que acostumbran los indios. Se mandó que al día siguiente se depachase un mensajero a traer reses, y que entretanto se diminuyese la ración a la tropa. Esta disposición, sin embargo, no podía ser bastante para que el ejército por algunos días no padeciese hambre. En el sitio de la vigía o atalaya se mantuvo, con algunos soldados escogidos, el mismo capitán Sepe, miguelista.

Entró la noche con un horrible aspecto hacia el sur: toda estuvo frigidísima, y también el día siguiente, 27 de abril:

con todo volvieron los exploradores que habían ido por una y otra parte. Estos dijeron, que no se veía en la frontera movimiento ninguno del enemigo. Aquellos aseguraron que el vado que se había hallado no estaba muy distante de los ríos, ni del sitio del enemigo. Al amanecer, pues, se arrimó hacia allí todo el ejército, y abriendo camino con las hachas, por medio del bosque, que está de una y otra parte, se movieron al mediodía los reales hacia aquel sitio, dejando atrás solamente algunos enfermos, con el custodio de sus almas, o sacerdote.

El día 28 (domingo) todo el ejército se ocupó en armar un puente, tal cual se hizo en el río Lavatorio, aunque este era mayor, y necesitó el trabajo de todo un día. Entretanto, llevaron todos los caballos a un valle, que con amenidad se extiende por las riberas del río Verde, y también hicieron pasar allí al pastor de sus almas, con los demás, para que estuviesen seguros. Al ponerse la Luna, en lo más intempestivo de la noche, marcharon contra el pago de los portugueses, avanzaron a cuatro casas, mataron dos negros, habiéndose escapado en el bosque inmediato dos portugueses con sus mujeres, los que de allí fueron a la fortaleza a dar noticia del enemigo que los acometía: también quitaron al enemigo una partida de caballos que pasteaban en aquel mismo lugar, quedando muerto un Lorenzista. Demás de esto, al amanecer se acercaron a la fortaleza, haciéndoles la niebla más fácil el acceso, y lo que era de admirar, que estando en otras partes clara sobre el fuerte, estuvo más espesa para los que la miraban y asechaban desde el alto, lo que dio esperanza de victoria. Mas a la verdad, no sé por qué caso o desgracia, no supo aprovecharse de ella el pueblo. Asaltó una y otra vez, y sufrió por casi dos horas más de mil tiros de fusil, y cien de ocho piezas, siendo dos de las mayores: pero sin daño particular, porque nunca avanzaron del todo. Mientras el jefe principal de los indios, valerosamente mandaba y animaba a los suyos, salieron tres negros por una oculta abertura de la tierra, y uno de ellos atravesó por el pecho al supremo capitán llamado Alejandro, del pueblo de San Miguel: no obstante dos de ellos pagaron con la vida su atrevimiento. Después, acercándose más a la artillería, y sin cautela, a otro soldado Lorenzista lo mató un balazo: pero no murieron más que estos tres. Fue herido gravemente un Luisista con seis Miguelistas, y su capitán levemente. Creo que ningún Juanista fuese herido, porque la mayor parte, mientras se estaba en el conflicto, se mantuvo en la otra parte del río, comiendo sus ollas y asados, y el capitán de ellos, entrándose desde el principio en el bosque, no se sabe donde fue a parar. Finalmente retrocedieron los nuestros, y por esto, animándose el enemigo, salió de la fortaleza, en número de 200, trayendo consigo dos piezas: por lo cual, aturdida la gente, comenzó a desparramarse, y dejó por despojos al enemigo el mayor cañón que tenía. Se llegaron a razones: primeramente dijeron: haya paz entre nosotros y cese la guerra, porque en nuestros corazones no abrigamos enemistades contra vosotros, ni poseemos temerariamente esta tierra, sino por mandado de vuestro rey, y del gobernador que en su lugar las gobierna, y también con consentimiento de vuestros padres (juzgo que entendían aquel que de Europa vino a este negocio) y de algunos de vuestra gente: dejadnos gozar de esta tierra, cuando por otra parte no nos experimentáis molestos (si es que se puede dar crédito a estas razones): volvednos tan solamente los caballos que nos habeis tomado. Sepe, aquel célebre capitán de los Miguelistas, el cual entonces mandaba la artillería, y sabía hablar algún tanto español, y era un poco conocido de uno de los portugueses, porque ahora poco el estuvo en los límites de las tierras de San Miguel con los demarcadores, se allegó más cerca, convivado por ellos a entrar en la fortaleza a tratar de la paz y de los caballos que habían de volverse. He aquí (¡quien lo creyera!) que se dejó engañar de los enemigos, reclamandóle, y disuadiéndoles los capitanes amigos, y se cuenta, que fue recibido honoríficamente, presentándole las armas. Después, viendo que lo habían recibido con tanto honor, catorce súbditos de su jurisdicción, todos de a caballo, y con el ejemplo de estos, seis Luisistas, un Juanista (porque acaso no había más) dos Lorenzistas, no siendo llamados ni forzados, y más probablemente, afirman algunos, que los primeros fueron cautivados con otros catorce, a la manera que un incauto ratoncillo se va a la trampa, le siguieron como una manada de cabras, que estando ciego el chivato, que sirve de capitán al rebaño, perece con todas ellas. No bien habían entrado, cuando ya por todas partes fueron cercados del enemigo armado, y se hallaron cautivos. Hallándose con este hecho perpleja la demás turba, aunque alguna parte se mantenía constantemente a la vista, finalmente volvió las espaldas, y se retiro a la tarde a sus reales: aunque no enteramente, porque temerosa la fama, anunciaba la entrada del capitán con alguna gente, pero temía promulgar que estaba cautivo. Luego al punto se mandó dos y tres veces, que volviesen a pasar el río los caballos que se habían quitado, y que no tardasen, por si acaso por esto tuviesen cautivos a los soldados que habían de ser redimidos.

Cumplieron con lo primero, mas no pudieron ejecutar lo segundo, porque a medida que los soldados pasaban su caballo, se lo tomaban para sí, y al amanecer, siendo los primeros aquellos que en allegarse eran los últimos, tomaron una gran parte de los caballos del enemigo, se volvieron los Juanistas, después de sepultados los dos muertos. Las partidas de los demás pueblos, después de haber cantado solemnemente ayer a vísperas el responsorio por el capitán y los soldados, en el valle en que estaba su pastor de almas, y estándose ante el, comenzaron a retroceder. Habiéndose caminado un poco, se presentó un explorador, y dijo, que los portugueses pedían sus caballos, y prometían por su parte la libertad de los cautivos: mas aquellos habían ya caminado tanto, que sino después de vísperas, pero ni aun al día siguiente se podían juntar: porque como los Juanistas tuviesen muchísimos, que ya habían pasado el Río Curutuy, muchos Luisistas, que también habían caminado mucho, no pudieron reunirse a la gente esparcida, y antes bien lo rehusaban. Llegaron a grandes pasos, o con precipitada marcha en el mismo día cerca del Río Curutuy, o del Lavatorio, y se hizo en medio día el camino, que a la ida necesitó cuatro, porque siempre la vuelta tiene los pies más veloces. A la verdad, el pueblo o ejército había concebido tanto temor del enemigo, que de ninguna suerte se hallaba quien quisiese llevar a la presencia del enemigo los caballos, si estuviesen a mano. Anduvo un capitán dando vueltas para recogerlos, y viendo el último escuadrón que estaba parado cerca de la fortaleza del enemigo, no temió manifestar claramente su miedo, y hablar a voces a los suyos de esta suerte: «Caminemos —les dice—, paisanos míos, porque pereceremos con los otros». Los reales esta tarde se formaron escondidos en un profundo valle, sobre un arroyito distante del enemigo 8 leguas. Se hizo toda diligencia por redimir los cautivos, pero en vano, y lo que más se sentía era la cautividad del capitán Sepe, comandante de la artillería. Mas cuando estas cosas se trataban, he aquí, corrió un cierto rumorcillo, que el capitán Sepe a pie seguía el ejército: después, habiendo llegado un muchacho, confirmó la venida, porque venía a llevar vestido y caballo para el cautivo que se volvia, y por fin, se presenta el mismo capitán Sepe apenas entró la noche, temblando con el frío y la caminata, y sin negar la verdad, conto su suerte; es a saber, que ayer, habiendo sido encerrado en el castillo enemigo, y llegando la tarde, fue mandado montar a caballo sin armas, sin espuelas, pero si vestido, y cercado de doce soldados armados, se le mandó buscase los caballos que se habían perdido. Habíase ya apartado un paso de la fortaleza, cuando un indiecillo, viendo cautivo a su capitán (no temiendo nada el simple) se llegó al enemigo, y le avisó que ya los caballos habían sido llevados a la otra parte del río: lo cautivaron en premio. Comenzo otra vez el capitán Sepe a pedir licencia para pasar el río, y solicitar la entrega de los caballos: mas los compañeros negaron el poder hacer esto, sin saberlo el gobernador del castillo. Habiendo sido consultado, se le rogó diese licencia, enviando un soldado que le diese parte: pero trajo la negativa. Añadió el cautivo capitán: «vosotros que deseáis poseer los caballos, dadme licencia para hablar con los míos, sino, aunque no querráis, me iré, si me diere gana, y ayudare a mis compañeros». Esta audacia se recibió con risa, y le contestaron:

—«Estando cerca de doce armados, ¿serás capaz de irte?»

Se promovió una controversia: Sepe afirmando la huida, si la quisiese tomar, y los portugueses riyendo, porque la juzgaban imposible, y tenían por vanas sus amenazas; pero el hecho las probó verdaderas: porque como una y otra vez le preguntaron ¿cómo podía hacer esto? les dijo: «veis ahí»; y asorando el caballo con la voz, con el azote y con alaridos, se les escapó, y llevado en el pegaso, que parecía que volaba, se encaminó hacia el río y bosque, quedándose espantados, y no atreviéndose a seguirle los soldados de a caballo, porque aún las balas de los doce fusiles con sus llamas, parecía que no lo alcanzarían. Llegando empero Sepe a la orilla del bosque, quitándole el freno al caballo, se escondio en los árboles, y pasado a nado el río al otro día, siguiendo los reales que se retiraban, fue recibido en ellos con gozo increíble. Esta misma noche se huyeron de las manos de los enemigos dos mozos, los demás quedaron cautivos. Se trato otra vez por medio del mismo capitán Sepe acerca de la lista de los cautivos, ofreciendo los caballos y mulas de su pueblo, si los que los tenían negasen los suyos a los portugueses, y cierto es que persistieron en negarlos. También los Miguelistas no asintieron en esto, antes bien no se hallaba alguno que se atreviese a acompanar la lista, o llevarlos a tierra del enemigo, aunque estuviesen a mano. En verdad que ellos tenían lastima de sus compatriotas, y especialmente de las mujeres, que tan infelizmente habían quedado viudas, y de sus hijos huerfanas. Mas ¿quien hay que crea al enemigo que una vez engañó? A un amigo, si una vez mintió, no se le debe creer la segunda, al enemigo empero nunca. La verdad es, que se temía no fuese que acaso recibiese el enemigo con asechanzas, o doblez a los que trataban de la redención de los suyos; y con la artillería y fusiles recobrasen los caballos y retuviesen los cautivos, quedándose con unos y otros.

En este estado pues de cosas, pareció conveniente fortificar con un presidio el residuo de tierra, que está entre los ríos Verde y Phacido, y para mayor seguridad de los presidarios, pareció oponer un castillo al del enemigo. Se habló con los Luisistas sobre dejar por ahora en esta tierra un presidio con sesenta hombres, y hacer una fortalecita, de la cual cada semana saliese un destacamento a correr toda la tierra; porque no fuese que en algún escondrijo se estableciese el enemigo, y levantase fortalezas dificiles de destruir a los indios, que no saben, ni sufren el sitio o combate. Empero no asentían los soldados, y no se podía juntar fácilmente quienes se atreviesen a trabajar. Finalmente, dejando a cada cual lidiar con su genio, se señaló y escogió el lugar para la fortaleza futura, por si acaso la quisiesen hacer.

Comenzando hoy el mes de marzo, se pasó con sumo trabajo el río Curutuy, y cerca de vísperas, también el Yaguy, y caminadas 3 leguas más, a grandes jornadas por vía recta, con camino y espacio de dos días, llegamos al pie de la montaña de San Lucas, y habiendo con realidad pasado la cercanía, aunque continuaban las lluvias, y los ríos estaban crecidísimos, apartandonos de muchos arroyos pantanosos, a 8 de mayo llegamos, sin ser esperados, al pueblo de San Miguel, en el mismo día de su aparición: y no sucedió en el camino otra cosa digna de memoria, sino es que la tristeza puso en suma consternación al pueblo. Cada cual del ejército, que se había dividido, se volvía a sus estancias y pueblos, muy despacio, mirando por las cabalgaduras, quedándose unos pocos por todas partes a explorar los movimientos de los enemigos, sus discursos, y prohibirles sus invasiones.

Cuando sucedían estas cosas con menos felicidad en los límites de los portugueses, se esparcían en las ciudades de los españoles nuevas amenazas y nuevas mentiras. En 28 de febrero había llegado el navío llamado la «Aurora», y tomó puerto, dando noticia del obstinado ánimo del secretario del rey, el que se afirmaba cada vez más en tan grandes injusticias. También avisaba que el confesor del monarca, aunque muy bien conocía aquella iniquidad, y de tal suerte era estimulado de su propia conciencia, que recelaba se oyese llamar ante el juez y autor supremo consejero de una cosa mala, con todo, desconfiando de la pusilanimidad del rey, y temiendo no fuere que cayese de ánimo oyendo tan enorme maldad, llevado de humanos respetos, determinó ocultar este negocio al principe; y antes bien pedir una y otra vez dejación de su oficio, pero que era detenido por las lágrimas del monarca: y que finalmente, con los estímulos de su conciencia, se había visto obligado a declararle cada cosa de por sí. Así lo dicen las cartas escritas por el mismo confesor del rey, dirigidas al digno superior de Misiones.

Que cosa dicho navío haya traído a los gobernadores de estas provincias, acerca de este iniquísimo tratado, no se sabe; pero es cierto haberse entonces convenido por entrambas partes en la isla de Martín García; aunque mucho antes estaba destinada para esto, y haberse allí acordado, que a 15 de julio el ejército español hostilizase, sujetase y obligase a obedecer los mandatos al pueblo de San Nicolás, y el portugués, al de San Ángel. Llegó esta sentencia a mediado de mayo, y también con esta, de parte del Comisionado general, una nueva amenaza del último exterminio; y finalmente, por la importunidad de este, fue sacada por fuerza del provincial de la provincia la declaración de estar muerta o perdida toda esperanza. No obstante, llegó también un secreto aviso del mismo provincial, por segura y duplicada via, que se dirigía particularmente, y había de intimarse a los que fuesen capaces de secreto: que no se arredrasen con estas amenazas, ni aun con las suyas, aunque pareciese no tenían límite, porque eran vanos y brutales todos estos rayos, y que no habían expirado del todo las esperanzas que se tenían, antes bien que estaba muy cerca el remedio. Añadía a estas cosas una carta de un cierto asesor del consejo, que decía: «Que todo este aparato de la junta de la isla de Martín García, y las amenazas hechas, eran patranas o chismes». Fortalecidos con este aviso, los enemigos Uruguayenses esperaban la feral sentencia, cuando se ponían amarillos, se turbaban y se consumían con el miedo los del Paraná. Pero esta jamás vino, estando ya junio muy avanzado. Se sospechó entonces que había sido suprimida, y que, pareciendo del todo frustranea o vana su intención, por no ser expedida del Consejo, también había peligro que no hubiese sido pillada y extraviada por los indios, conmoviese sus ánimos, levantasen nuevas tropas, y las concitasen contra el mismo provincial, exasperando y echando a perder todas las cosas.

La gente de Yapeyu avisaba aún, que 160 familias del mismo pueblo se habían ido al Río Negro, otras tantas al paso de las Gallinas, o al río Gueguay, a servir de presidio a sus tierras y de impedimento al enemigo, si las infestasen. Se decía que los de la Cruz habían acometido las estancias de los españoles Taraguis, o Correntinos; y habiendo hecho huir los vecinos, les habían quitado un gran número de caballos y otros animales. Corría la voz de que los Nicolasistas también habían traído cautivas algunas mujeres del río de Santa Lucia; y aunque ya el término de la transmigración se pasaba, ni el año para acabarse distaba del 15 de julio más que una semana, no se sentía movimiento alguno del enemigo, aunque corría un falso rumorcillo que los españoles habían esparcido, de que unos exploradores españoles habían entrado hasta los sembrados de un pueblo, y que habían hallado desamparados los campos, y vacío el mismo pueblo: que también los portugueses no distaban de San Ángel más que 20 leguas; sin que por el mismo tiempo faltasen varias cartas secretas, las cuales daban indudable esperanza de que pasaría la tempestad. Treinta Luisistas armados, con el capitán del pueblo, salieron contra los portugueses que estaban en el río Verde, para mudar sus centinelas por causa del invierno, que con las lluvias todo lo inundaba. Cuarenta Lorenzistas asimismo se fueron a los últimos términos de sus tierras, a fabricar un propugnaculo en el castillo del mismo río Phacido, volviéndose otros tantos en lugar de aquellos. Fueron también enviados exploradores, río Uruguay arriba, porque hacia aquella parte se vieron estos días humear los campos, a ver si por ventura por aquella parte se quisiese explicar el enemigo. Entretanto, vino antes de ayer un cierto español, que decía tenía orden para averiguar ¿por qué los indios eran tratados como esclavos y no como libres, diciendo que la corte le había dado esta comisión? Pero no en valde se creía impostura o fábula, porque no mostraba nada de su potestad por escrito, como después se vio claramente: sobre todo, porque no buscaba otra cosa que hacer trato, porque deseaba vender una gran cantidad de hierro por precio bastante bajo, y pedía a estos pueblos muchos caballos, vacas y bueyes para la guerra. Pero fue en vano, porque los indios, azorados con la guerra, antes buscaban ellos caballos y mulas que comprar, que darlas a vender. Cuando sucedían estas cosas, junio se pasaba, y la fama descaramente mentía, o fingía, que 3.000 españoles habían salido de Buenos Aires, y otros tantos portugueses, de la Colonia del Sacramento, con los capitanes generales de las Provincias.

Finalmente, no sabiéndose nada de cierto, llegó el 15 de julio, aquel término fatal, como decían: y he aquí que por ambas partes había un profundo silencio, aunque se decía que el gobernador de Buenos Aires a 5 de mayo había salido de aquella ciudad a los reales españoles que estaban en el paso del Uruguay, que se dice de las Gallinas; que también Gómez Freire, gobernador portugués del Río Janeiro, había movido sus reales hacia el Río Grande, asegurando la voz y fama, que sesenta marineros con ocho o diez lanchas, cuyo capitán era Juan de Echavarría, subían por el Uruguay, con el fin (como se decía) y precepto, que poco ha se había acordado en la isla de Martín García, que a 15 de julio acometiese el ejército español al pueblo de San Nicolás, el lusitano el de San Ángel, y las lanchas armadas por el río, para que estas impidiesen los socorros del Paraná, y aquellas obligasen a transmigrar, o mudarse a los habitadores de estos, o los destruyesen a fuego y hierro si se resistiesen. Porque decían así: que «los indios y los padres, luego que viesen que se obraba de veras, y comenzasen a experimentar la guerra, habían de amedrentarse, y salir al encuentro de los ejércitos más inmediatos, rogando o pidiendo la paz, y con profunda humildad entregarían las armas, les pedirían perdón de la resistencia, y entonces se les concedería en nombre del monarca: pero con estas condiciones; que, se permitiese a los ejércitos ir y discurrir por donde quisiesen: luego al punto llevarían, o enviarían las cosas movibles y semovientes, dejando a los portugueses la tierra, campos, pueblos y pagos: pero si hiciesen al contrario, infaliblemente todos, como si fuera uno, habían de ser muertos a hierro y fuego». Estas amenazas, aunque siempre pareciesen locuras a todos los de ánimo esforzado, lo uno por el pequeño número de la tropa (porque ahora bajaba de punto la fama su mentira) no siendo ya los portugueses más de 1.600: lo segundo, porque los españoles marchaban desarmados, y esto después de haber pasado un desierto de 200 leguas por tierra, en tiempo de invierno, contra 20.000 armados (si todos los varones tomasen las armas) que se les habían de oponer en sus tierras: con todo, temían algunos, y clamaban los pusilanimes «finis venit». Estas cosas, vuelvo a decir, aunque las divulgase la fama, ya casi se tocaba al 15 de julio, y otro correo trajo la noticia de que el gobernador de Buenos Aires se había vuelto a dicha ciudad cercano a la muerte; que muchísimos españoles se habían desertado; que innumerables caballos con el invierno habían perecido; que toda la ciudad de Buenos Aires padecía una gran seca; que algunos millares de indios del sur (llamanse Aucas, Tueles y Pueles), habían venido a invadir la ciudad, y finalmente que, sabiendo esto los cristianos, estaban ya prevenidos a obrar contra los indios. Que los lusitanos estaban consternados por 200 de los suyos que habían sido muertos (no sé dónde) por mano de los indios. A más de esto, también que el gobernador del castillo, que en el Yobi poco ha había sido invadido de los indios, había manifestado al general Gómez, que con dificultad el había resistido a esta invasión, con el castillo y guarnición, porque eran audaces y temerarios los indios, y no temían el fuego, ni el número de soldados: por tanto que viese con quien se ponia, y con quienes emprendía la guerra; y que el mismo Gómez Freire ya pensaba en la paz. Que el provincial también había pedido las mulas para venir a estos pueblos, lo que no haría sino hubiera esperanza de paz, habiendo mantenido, y probado muy bien en Roma, que el apenas se creía capaz de cargar con el peso de esta provincia, estando tan turbada. Y finalmente corría por entonces cierto rumor, que habiendo vuelto los exploradores de Yapeyu, los cuales río abajo vigiaban los movimientos de los españoles, habían dicho, sin asegurarlo, que aquel su perseguidor había sido llevado a Lima, «nande moangeio hare ogucrhaima Lima yape». Se espera más cierta noticia de esto.

Fenecía el mes de julio, cuando unos correos de Yapeyu, volando o corriendo, avisaron que en el salto del Uruguay se veían veinte lanchas de españoles: que los exploradores cruzenos se habían encontrado con los exploradores españoles, y que les habían oído decir, que por mandado de los generales del ejército se acercaban: que cuatro religiosos, de la familia del seráfico padre San Francisco, habían de venir a Yapeyu, a las fiestas del gran padre San Ignacio, a mover con actividad las cosas de la transmigración: y habiendo llegado el teniente del corregidor de San Nicolás, había traído cartas del capitán general «don Nicolás Nenguiru», corregidor de los Concepcionistas, que pedían socorros militares o gente armada: se determinó que después de la fiesta de la Asunción de Nuestra Señora, partiesen las tropas de cada pueblo. Entretanto, la fama con tres correos consecutivos consolaba los tristes, porque decía que en los campos de Yapeyu había llegado un escuadrón de españoles, a un pequeño pago, llamado de Jesús María, que está situado cerca de los saltos del Uruguay: pero habiéndolo mandado parar el indio superior del pago, y que se volviese a sus tierras, y habiendo afirmado que sus compatriotas de ninguna suerte se habían de mudar, y que ni los otros pueblos habían de permitir la transmigración, ofendidos de la libertad del indio que se resistia, habiéndolo amarrado, lo llevaron con los suyos al resto del ejército. Esparcido este rumor por los vecinos estancieros, los excitó a tomar las armas, y habiendo llamado y convocado las tropas de Charruas, Minuanes y Guanoas gentiles, que andaban vagando por estos campos en lo más intempestivo de la noche, acometieron a todas las tropas de los españoles: a algunos despojaron (se dijo que fueron cincuenta), a otros obligaron a huir, quitaron toda una caballada, y pusieron en libertad a los prisioneros. Estas cosas sucedían en el Uruguay. En el río Phacido, los exploradores Luisistas salieron de su ya destruida fortaleza, y acercándose a la de los portugueses, hicieron huir tres guardas de los caballos, que los apacentaban junto a la misma fortaleza; y habiéndoles tirado en vano un cañonazo desde el castillo, quitaron al enemigo una tropa de catorce caballos.

De Europa avisaron por Lima, que el confesor del rey, vencido al fin de los estímulos de su conciencia, había declarado al monarca «in totum» el estado de las cosas de los indios: que se había horrorizado su majestad, y que luego al punto había mandado juntar el Consejo de los Próceres, y que había también convocado las Universidades a junta, para que dijesen y examinasen, si los indios, que sin armas y de su propio «motu», por la sola predicación se habían sujetado, y rendido a su protección sus tierras, y si estos, así libremente sujetos, pudiesen ser lícitamente despojados de sus tierras, y algunos otros puntos. Todavía no se sabe el fallo de los consejeros, pero se espera que la justicia de la causa obligará a los jueces a dar una justa sentencia.

Entretanto, los pueblos situados a la otra banda del Uruguay, con los de San Nicolás que están de esta, juntaron a toda prisa once partidas contra los españoles que se iban acercando: a saber, los Concepcionistas, las Nicolasistas, los Tomistas, y finalmente los de la Cruz, los de los apóstoles, con los de San Carlos y San José, los de San Javier, y también los de San Borja: pero, habiendo mudado de parecer, se apresuraban a unirse a los de Yapeyu. Demás de esto, los de los Mártires, que ahora poco ha, persuadidos del cura, se habían resuelto a marchar, se quedaron atrás: así decían, pero falsamente, porque se fueron después en canoas por el río Uruguay. Solo un indio, único del pueblo de Santa María, que poco ha había sido depuesto del cargo de capitán de dicho pueblo, con algunos pocos compañeros, se fue a los reales de los suyos a aumentarlos, no en número sino en ánimo: se contaban 150 de cada pueblo, y no es bastantemente cierto si se juntaron tantos o menos. De los demás pueblos de la otra banda del Uruguay, se juntaron tropas auxiliares de veinticinco hombres de a caballo, y sesenta a pie del pueblo de San Miguel; mas un nuevo caso o suceso, y otros nuevos avisos, obligaron a quedar en sus límites.

Era el día de la fiesta de la Asunción, cuando tres Luisistas, que poco ha con astucia y perfidia habían sido cautivados en el Río Verde (o como dicen los portugueses, «Pardo», siendo por ellos más conocido con este nombre) el día antes de la fiesta se aparecieron en este puerto, cuando menos los esperaban. Estos contaban las siguientes cosas, es a saber: que después de haber pasado dos semanas de cautiverio en la fortaleza del Río Pardo, los llevaban río abajo en una lancha a otro fuerte de los portugueses, situado en la boca del Río Grande, y de aquel grande estanque, para que fuesen presentados al virrey y autor de todos estos males —el iniquísimo Gómez Freire—. Eran cincuenta los cautivos, custodiados por quince o dieciséis portugueses que los acompañaban. Por lo que, vista tan pequeña guardia, e incitados por algunos españoles que iban allí, los cuales dijeron que los llevaban a matar, conspiraron en matar la guardia, y ponerse en libertad, y no prevalecieron los pareceres de algunos que no aprobaban el motín por defecto de armas y discordia de los ánimos. La última deliberación fue contra los portugueses, y así inopinadamente acometieron a los guardas, que acaso iban gobernando los remos y velas; y habiendo muerto al capitán y otros dos soldados (aunque las cartas de Gómez Freire numeraban diez, como se vera después) salieron los demás, y habiendo atacado con armas a los que estaban desarmados, obligaron a muchísimos a arrojarse al agua. Navegaban por medio del gran río, por lo que ahogados algunos por las rápidas olas de aquel, casi otros veinte, que iban nadando, perecieron a escopetazos. Quedaron vivos solamente dieciséis (no sé por qué causa) los que fueron llevados a la fortaleza, en donde, habiendo sido examinados por Gómez Freire, los mandó volverse a sus pueblos, con cartas llenas de quejas y amenazas. Los dos españoles que iban presos y encadenados, no sé por qué delito, fueron mandados que acompanasen a los indios, y llevasen las cartas, y trajesen las respuestas, si viviesen. Los primeros que llegaron con estas noticias fueron tres Luisistas, después otros tantos Lorenzistas; dos Juanistas se quedaron en sus estancias, y asimismo seis Miguelistas, de los cuales uno enfermó en el castillo de los portugueses, de viruelas (peste cruelísima para los indios): otro murió de la misma enfermedad en las estancias de San Lorenzo, en donde también aquellos dos españoles, como se pensaba, acabaron la vida, lanceados. Los otros cuatro, porque no fuese que trajesen la peste al pueblo, se les mandó se estuviesen en los campos de sus estancias: y ya comenzaba a cundir, porque, habiéndose muerto algunos

Lorenzistas, los Miguelistas, tomando con ansia los vestidos, trajeron la peste.

Demás de esto, avisaron estos recién venidos, que Gómez Freire había llegado al río Verde con treinta piezas, nueve barquillos, 2.000 soldados y 2.000 caballos: mas parecía del todo increíble este número, aunque lo afirmasen los portugueses con la ponderación que acostumbran los soldados: y que otros 2.000 estaban listos en el Río Grande o en los Pinales; los que se componían de hombres Paulistas (que tienen propiedad y costumbre de vender lo que no es suyo, a los que en el país llaman «Gauderios»). Empero los indios, testigos oculares, decían que apenas llegaban los soldados al número de 600 o 700: lo mismo referían otras cartas de algunos capitanes españoles, que militaban entre los portugueses, que no pasaban del número de 1.150; que muchos caballos se les habían muerto, y probablemente se les habían de morir todos con la seca; y que una embarcación de algunos artilleros se la había tragado el mar. Contaron además, que entre los soldados se iba entrando la peste, de camaras de sangre y viruelas; también por este tiempo corría el rumor, y no falso, de que seis españoles habían llegado de Buenos Aires con nueve cartas, al pago de San Pedro, que es de los de Yapeyu; más que los estancieros, habiéndoles quitados las cartas, habían muerto tres, salvándose los demás con la huida, y estaba entre los muertos un hijo de un regidor, que es ahora, y en otro tiempo fue teniente general de la Ciudad de las Corrientes, como se supo por las cartas del padre, que inconsideradamente pedía se le diese sepultura eclesiastica, y los arreos del caballo.

Con más lentitud que lo que convenía, tomaban las armas los indios, cuando el enemigo amenazaba seriamente. Juntaronse los capitanes Lorenzistas y Miguelistas, eligieron otra vez otro del mismo pueblo en el oficio de teniente y supremo capitán, sucesor de Alejandro que había sido muerto, y después del día de San Miguel recojieron las tropas. Entretanto llegó un aviso cierto, que los portugueses se habían apoderado de las colonias del río Yaguy, y que intentaban pasarlo; y que, habiendo hecho señal con un cañón de los mayores, llamaban a los indios para que hablasen, se entregasen y sujetasen. Pero ellos en nada menos pensaban que en esto, porque, apareados todos en uno, rehusaban, o no querían entregar las tierras de sus antepasados en manos de un enemigo que les había sido siempre pernicioso. No obstante había cierto fundamento, no sé si verdadero o falso, que el teniente de San Lorenzo, quien gobernaba la partida de presidarios de dicho pueblo en las vecinas estancias, había llevado a los reales de Gómez Freire los dos sobredichos españoles, y que en ellos estaba detenido en rehenes. Mas después se supo que habían errado en la parte segunda o posterior, porque el dicho teniente, habiendo hablado con los portugueses, y habiéndoles ofrecido libremente entrada a sus tierras, les dio mucho ganado para su alimento, pero con el fin o estratagema, que luego que saliese el portugués a las campañas abiertas de aquellas tierras, de entre las espesuras del bosque, cercados por los de San Luis (porque los indios pueden pelear a caballo con increíble destreza, siendo los del Brasil torpes en este género de milicias) los atacase la caballería de los indios en sus tierras, y también con número incomparablemente mayor que los portugueses, que venían de lejos en caballos cansados con el hambre y consumidos con los fríos, lo que ponía a los indios iguales en las armas a los portugueses. Esperaba pues dicho Lorenzista, que si los sacase a las llanuras de aquellas sus tierras, los había de acabar o derrotar con el ímpetu de su gente y caballos: pero como casi penetrase el intento Gómez Freire, se resistió fuertemente, y no quiso salir de entre los montes y brenas.

Cierto indio fugitivo, baqueano de la tierra, y natural de San Borja, que de muchos años a esta parte se había huido de su pueblo (como suelen los indios malhallados con la enseñanza, y deseosos de vida más libre) y habitaba en las soledades de los bosques que terminan las estancias de los pueblos, con no pequeña tropa de los de su mismo proceder, saliendo de cuando en cuando a las vecinas estancias de San Miguel, arreaba gran número de caballos y ganado, no solo para su alimento y de los suyos, sino para contratar con los portugueses. De cinco años a esta parte, poco más o menos, comenzaron los Miguelistas en las cabezas de sus tierras a perseguirlo como ladrón; y si cierto sacerdote no hubiese intercedido al capitán de los estancieros, lo hubieran muerto, como lo tenía bien merecido. Pero dejándolo vivo, lo llevaron a su pueblo con casi veinte de sus paisanos o compañeros. Apenas había estado en este pueblo un poco de tiempo, cuando en el silencio de la media noche se fue a incorporar con sesenta gentiles de la nación Minuana, que poco ha se había agregado al número de los catecumenos, y persuadió a muchos que se huyesen; hallándose el cura a la sazón en ejercicios en el vecino pueblo de Santo Tomé. «No creáis —decía a los padres— que inmediatamente os han de llevar con cadenas y grillos a las ciudades de los españoles, para que seáis esclavos de ellos: ¿por ventura no advertís que os atraen con sus halagos a este fin?». El cura se había ido a un pueblo vecino al río. Había llegado otro sacerdote, que no estaba bien impuesto en la lengua, con motivo de confesar a un indio herido de un tigre. Había sido enviado antes por los españoles, y era tan viejo, que desvariaba, sin poder tomar sueño, con una enfermedad que había contraído en el camino. A este decía el embustero, que los españoles venían: «creedme —añadía— que si esta noche no os escapáis, acaso mañana estaréis cautivos». Finalmente, persuadidos con estas y semejantes mentiras, se huyeron todos, a excepción cuando más de diez mujeres y niños, quienes estando ya bien hallados con aquel racional modo de vivir, compraron de sus padres a precio de lágrimas la licencia para quedarse. Unos tomaron con tesón la huida hasta el río Ibicuy o de Arenas, otros hasta sus orillas, otros se escondieron por los campos y bosques vecinos a la vista del pueblo, para ver si sucedía algún mal a los suyos que se habían quedado. Pero, habiendo vuelto al amanecer el cura, e impuesto de lo acaecido, recogió a los fugitivos y, por sentencia del superior de Misiones, envió o desterró al pésimo consejero embuidor al pueblo de la Trinidad, de la otra banda del gran río Paraná. Con todo, no bastó esto para que este embustero perverso no se huyese otra vez, y se refugiase finalmente a los portugueses, quienes por estas esclarecidas hazañas lo hicieron corregidor (o principal del pueblo, como llaman los españoles) del pago que habían formado de los paisanos del dicho, y participantes de su suerte: y así lo recibieron solamente para que diese dictámenes contra su gente y compatriotas.

Este versista embustero, pues, resistió audacísimamente, y conociendo el genio de los suyos, enseñó que había que recelar: mas que con maña y estratagema se debía abrir el camino; y él mismo contuvo con gran prudencia a los portugueses, que deseaban entrar al pago de Santa Tecla, por las tierras de San Miguel, con un ejército poderoso de valor, armas y caballos, que con su velocidad y arrebatada carrera los hubiera atropellado. Animaba también este Aquitofel a los sanguinarios enemigos con sus sazonados y agudos chistes. Y no ignorando el odio antiguo de los Brasileros, que aborrecen a los pastores de este rebaño, y para hartar también el suyo, se llamaba compañero de ellos, y se les ofrecía a correr la tierra, y recoger las cabezas de los padres que cortasen las espadas vencedoras de Gómez Freire.

Los Luisistas, que tenían tomado el paso del río Phacido, viéndose desiguales en número y armas al enemigo, y que este intentaba pasar el río, por engañarlo en sus esperanzas, y hacerle creer que se querían entregar, bajo capa de amistad, les dieron o regalaron toros y vacas para que comiesen y matasen para su sustento, mientras volaban correos por los pueblos, y se juntaban los ejércitos. Pasaron finalmente algunas compañías de portugueses, y se decía que veinte canoas se habían ido a pique en las aguas del río Guazu, cuando las pasaban, y se acamparon a sus orillas, entre un espeso monte que tenían por una y otra parte las riberas: y que también se habían fortificado con una estacada que habían cortado de lo interior del bosque. Aunque los exploradores aguardaban a los que despacharon hacia afuera, muchos no volvieron, muriendo sacrificados por las lanzas de los indios. Primeramente, los Luisistas despedazaron seis: otros veinte, que llevando frenos iban a juntar caballos, como viniesen los Miguelistas, tres de ellos quedaron víctimas de su furor. Por estos se supo que los portugueses padecían hambre, y que la gente se desparramaba por los montes, buscando con ansia para comer, los cogollos de las palmas, y que luego que cazaba uno algún tigre u otra fiera, volaban los otros, y se mataban mutuamente; y que con este género de muerte habían acabado sesenta y cuatro.

En este intermedio vinieron de los campos de San Juan algunos gentiles y capitanes bárbaros, y se ofrecieron a sí y a los suyos por auxiliares, y volviéndose después, fueron a recoger sus gentes. De las estancias de San Lorenzo, que estaban próximas al enemigo, se avisó, que la peste de las viruelas se aumentaba demasiadamente: por lo cual el cura de este pueblo, después de vencidas algunas dificultades de los suyos, y la resistencia de los de su pueblo, se fue alla a proveer de medicinas espirituales a los enfermos, e impedir con toda industria no se extendiese este achaque.

Ya había entrado octubre, cuando compuestas algunas discordias y desconfianzas que los indios tenían entre sí mismos se juntaron finalmente las tropas de los pueblos, y el día 4 se presentaron delante del enemigo, y enviándole a Gómez Freire unas cartas, le declararen la última resolución, que era defender valerosamente las tierras de sus antepasados, y por tanto que se volviese en paz a su casa, y que tuviese para sí sus cosas, dejándoles a ellos lo que era suyo: y que si él deseaba tanto la paz (porque como había informado por varios correos, queriendo engañar los indios, decía que el jamás había venido a hacer la guerra; que quería ser amigo de los indios, y que solamente deseaba tomar posesión de las tierras que el rey de España les había dado) saliese de los montes, bosques y arenales, y sacase la artillería gruesa, que ellos también se irían en paz a sus pueblos. Habiendo expresado otra vez Gómez Freire esto mismo por billetes, excusaba dar respuesta a cosa alguna, por ignorar el la lengua de los indios, ni entender bastantemente lo que decían. Se decía que los capitanes españoles se habían escandalizado con las cartas recibidas, pero no constaba suficientemente que cosa en especial encendiese así sus ánimos. También vinieron por este tiempo algunas numerosas tropas de gentiles Guanas y Minuanes al socorro: a todos los cuales armaron los indios, señores de las tierras, con lanzas, saetas y caballos, y así juntaron un ejército de 2.000 poco más o menos, y se mostraban con arrojo desde lejos al enemigo. Con todo eso aún no parecía oportuno encolerizarse, y venir a las manos, por estas causas: especialmente porque el enemigo por aquella parte, donde el río se descubría, se ocultaba a sí y a sus tropas, en lo denso de los bosques: aunque alguna vez había salido de la selva desplegando sus banderas rojas, como deseoso de pelear. Mas luego que veía que el numeroso ejército de indios se preparaba para la lidia, se retiraba a sus asperezas. Se sospechaba que quería solamente atraer a los indios a las asechanzas y ardides militares que tuviese preparado entre los montes. Por tanto los indios, enseñados con las trampas o engaños, que poco ha les habían hecho en el castillo, se portaban con más cautela en acometer a tan cobardes enemigos, usando también del dictamen, que aunque los portugueses en repetidas veces llamaban para hablar a los principales de los pueblos, ellos se les negaban, excepto uno. Aquellos que estaban de la otra parte del río con Gómez Freire, los capitanes y los bagajes, que era la mayor parte del ejército, estaban defendidos por el río: porque, siendo bastantemente grande, con la lluvia de semanas enteras había crecido inmensamente, y por esto, estándoles impedido un vado que hace, precipitándose de los vecinos montes, el cual solo los indios lo saben, y lo ignoraba el enemigo, estaban seguros en la ribera opuesta.

Oportunamente, en el Salto del Uruguay o de las Tortugas, en donde, como se decía, los otros reales de enemigos, a saber, los españoles se habían juntado con el gobernador de la ciudad del Puerto, se deslizaron en partes, o desertaron muchos. Porque como el ejército, que poco ha había salido de estos pueblos del Uruguay, caminase a paso lento contra el enemigo, porque no sucediese que estando los caballos cansados y también los soldados, no estuviese apto para acometer al enemigo, comenzó este a levantar en dicho salto un fuerte. Entretanto con gran trabajo, o luchando contra el torrente de las aguas que caen de aquellos peñazcos, movieron las lanchas con intención dañada, o las arrastraron por el suelo con bueyes.

Por este tiempo los pastores o curas de Yapeyu, atemorizados de los anuncios amenazantes, se disponían a huirse del pueblo, e irse a los reales de los españoles: pero fue en vano, porque sus feligreses los guardaban o custodiaban con diligencia. Con todo, uno de ellos, pretextando iba a acudir a una fingida necesidad de los enfermos en el pago, o estancia de San Pedro (donde no había enfermo alguno) se escapó río abajo en un botecillo: mas habiendo sido pillado por los soldados o indios, como rehusaba parar, siendo requerido, habiéndole echado un lazo, juntamente con el botecillo, lo tomaron. Después fue llevado a los reales con el marinero, que en castigo le tuvieron atado de pies y manos toda la noche, a cuatro palos hacia diversas partes, y por la mañana fue azotado con riendas: mas contra el sacerdote no hicieron cosa indecorosa, sino algunas amenazas, ponerle miedo con algunos tiros al aire de escopetas, y con dicterios. Luego que lo supo el capitán general de los ejércitos, Nicolás, habiendo enviado gente que lo custodiasen; lo remitió al pueblo con seguridad, pidiéndoles en algún modo licencia a los soldados para ello.

Después de esto se iban arrimando poco a poco los reales o campos de los indios a los de los españoles, que estaban en las riberas del dicho río Uruguay, y habiendo enviado por una y otra parte exploradores, luego llegaron a dejarse ver de tal manera, que se espantaron los españoles. Observaron los indios, que seis de ellos, a vista de cuatro, huyeron a su campo, con tal precipitada fuga, que dejaron una bolsa llena de sal, otra de bizcocho, y algunas otras cosas, por despojo de los indios que venían, y se retiraron a su ejército; en el cual, luego que se dio parte que el ejército de los indios estaba cerca, el gobernador y capitán general mandó tocar llamada, o a recoger. Deseaba el gobernador dejar en el sobredicho castillo algunos presidarios, mas no había alguno que se atreviese a estos peligros, al furor de los indios, y a las calamidades de un sitio, ni quien hiciese tal hazaña, yéndose al ejército sin esperanza de socorro, y estando la ciudad distante más de 100 leguas. Comenzaron pues a retirarse los españoles, aun no habiendo visto todo el ejército de los indios, y habiendo hecho solamente presa de algunos millares de vacas en los campos de Yapeyu. Todos se retiraban a sus casas. Los indios daban prisa, o perseguían a los que se retiraban: y aunque fácilmente podían apresurarlos con hostilidades, se abstuvieron de matar, para que fuese manifiesto a los españoles, que solamente defendían su causa y justicia. Tres lanchas por falta de aguas, a causa de una larga seca, no pudiendo navegar, vararon en la arena: a estas, por una parte algunos Guaranís, por otra los Charruas gentiles, les pusieron sitio, prohibiéndoles solamente todo bastimento.

Se decía que del Consejo aulico, que como queda dicho poco ha se había juntado, salió un secreto y declaración de teólogos, que los indios de ninguna suerte podían ser obligados con guerra a entregar sus tierras. Y por esto el rey había decretado, que desistiesen totalmente de este negocio, si los indios no querían; porque ya bastantemente sabían por experiencia los españoles, que los Tapes de ninguna suerte querían ceder sus tierras; por eso también se juzgó que disponían la retirada. No obstante, poniéndose más contumaz Gómez Freire, se mantuvo otro mes en la tierra ajena, fortificado con los montes, aunque veía en su presencia todo el ejército de los indios opuesto a el, y obstinado a no ceder. Sufrían también no poco los portugueses, de suerte que andaban de aquí para allí buscando cogollos de palmas, y los despojos de los tigres, y aun por estas mismas cosas se mataban mutuamente los hambrientos, y se decía que de este modo habían perecido sesenta y nueve. Ni perdonaban los indios, a los que andaban descarriados porque en cualquier parte que los encontraban, los mataban con las lanzas y alfanges: más de cincuenta murieron así el día 4 de octubre.

Hemos dicho que, habiendo sacado la bandera roja, o estandarte de guerra, y habiéndola guardado después, seis indios, disponiéndose de buena gana sobre las colinas a la lidia, se atrevieron a provocar al enemigo, formando sus escuadrones. Salió el portugués de las asperezas, y después mostró la bandera blanca, pero no se atrevió a apartarse de la margen del monte y salir al campo. Entretanto pidió viniesen a hablar algunos parlamentarios, y fueron enviados cinco Miguelistas: y como el Portuguez quisiese entablar una plática larga, humana y molesta, la interrumpieron los enviados, y les dijeron:

—«Que una de dos, o que se fuesen de sus tierras, o que si tenían tanta ansia de ellas, que saliesen al campo, porque los indios estaban prontos a concluir el negocio con la espada.»

Rehusaron la pelea, y dijeron que ellos se volverían luego que tuviesen las respuestas de los españoles: y porque se recogieron a sus montes, y también la mayor parte había pasado el río, dejando treinta hombres de guardia en el paso, los Tapes se retiraron a sus reales.

Pero he aquí que se suscitó entre ellos mismos una viva contienda. Las compañías de tres pueblos altercaban, que solo los Miguelistas habían llegado a hablar con los portugueses; que solo ellos tenían las conferencias entre sí; y los portugueses, que últimamente se gastaba el tiempo, y no se echaba u obligaba al enemigo a retirarse, con otras mil cosas de que se quejaban: y por tanto se disponían a volverse, para quedarse en sus pueblos. Mientras así convertían con calor su negocio en diferencias, llegó a tiempo don Nicolás Nenguiru, sujeto principal del pueblo de la Concepción, el cual había sido elegido capitán general de común consentimiento: este hizo nacer la esperanza de concordia, y parecía que tomaba fuerza. Como hasta el 21 estuviesen discordes, determinaron la invasión hasta el día 22, lo que no habiendo puesto en ejecución, un cierto capitán llamado Felipe, se fue otra vez a llamar a los gentiles Minuanes y Guanas, para que se confederasen con ellos, y con el vinieron doce a explorar el real del enemigo. Y después, habiendo considerado el aspecto de las cosas, prometieron que habían de ir a traer 260 de su gente armada, con su capitán José, con tal que del pueblo les diesen 100, y de las estancias otros tantos carcases de saetas para su uso. Por horas se esperaban, y se alegraban o mostraban regocijos en hacer dos caminos por medio de la espesura del bosque que hay entre ambas orillas del río Phacido o Yaguy; es a saber, entre los montes, con trabajo de diez días, para que más ocultamente los indios pudiesen tomar la espalda del enemigo, sin que este llegase a sentirlos.

A los de Yapeyu por este tiempo les fue muy mal en lo que intentaron contra los españoles: porque como algunos de estos todavía se hallaban en el Salto del Uruguay, y habiéndose ya vuelto los confederados de los otros pueblos, los de Santo Tomé quitaron a los españoles ayer por la noche (era la de 3 de octubre) veinte caballos con sus sillas, y mataron a algunos de ellos: por lo cual procurando los españoles les sucediese mejor, y deseando recuperar sus caballos, siguieron al enemigo; y bien de mañana dieron sobre un escuadrón de 192 Yapeyuanos, que estaban segregados de los demás, y confiados en sí mismos. Enviaron por delante tres exploradores, y habiendo estos llegadose a razones, alegando cada cual la causa de su venida, los españoles, acercándose a caballo con poca sinceridad, y numerado el escuadrón, mudaron caballos y acometieron a los indios, que no sospechando tal cosa, se mantuvieron formados; pero viéndose inferiores en número y armas, se entraron y acogieron a pie en el bosque, y acometieron contra todos los indios. Algunos españoles murieron, y se esperaba más cierta noticia de este lance, cuando octubre fenecía, con el cual, poco menos que expirando el capitán segundo, que poco ha había sido elegido teniente de San Miguel, siendo llevado en un lecho, llegó de los reales al pueblo para curarse.

Las cosas en Yapeyu anduvieron muy turbadas por todo el mes de noviembre: porque como los curas de este pueblo lo querían apartar de la confederación, no cesaban de persuadirles, que concediesen a los españoles paso franco, y abandonasen de facto las llaves. De tal modo se atrevieron a disponer y administrar las cosas a su propio arbitrio, y habiendo sacado todas las telas preciosas de lino, y sesenta y dos sacos de algodón, 1.210 arrobas de lana en treinta y siete sacos, veinte piezas de lienzo de algodón, catorce piezas de bretaña, treinta sacos de tabaco con 500 arrobas, algunas piezas de todo género de paño, de angaripola y corales, 1.000 cuchillos, 200 frenos, 200 espuelas, 700 arrobas de yerba, las tomaron, y repartieron al pueblo libremente: y tratando a sus curas con imperio, también los castigaron cuatro días con ayunos, no dándoles sino un solo plato de carne de buey. Quito o impidió este género de insulto o mal obrar el teniente del capitán de la Concepción, y les persuadió tratasen a los padres con más decencia. Empero los individuos de este, y de los otros pueblos vecinos, deliraban con guerras civiles y motines, porque algunos más amantes de sus pastores se dolían de lo que padecían, y los más obedientes iban a concitar en su auxilio a los de la Cruz. Pero la parte contraria confederaba en su ayuda a los bárbaros gentiles Charruas. Por horas pues se temía, que de esta pavesa reventase un incendio: mas llegó a tiempo una orden del padre provincial, que se mudasen los curas que servían de tropiezo a los ofendidos. Para esto partió el cura de la Concepción, como mediador de los pastores de aquel pueblo: a la verdad este varón, José Cardiel, por amor del pueblo ha padecido mucho; y así con otro compañero se fue alla. Lo recibieron con grande alegría, con el festivo estrepito de la artillería (porque no ignoraban cuantas cosas había padecido por defenderlos el nuevo cura) y colgando las banderas de todo el ejército del pueblo, como también con repique de campanas. Luego que entraron en la casa de los padres, pusieron de su buena voluntad, y sin ser reconvenidos, en las manos y a los pies del cura las llaves, y todas las cosas pertenecientes al Gobierno, con los sellos del mando, que ya por algunos meses a beneplacito del pueblo los principales y caciques habían usurpado; prometiendo obedecer en todo, excepto el punto de transmigración. Logró esta pacificación, y habiéndose hecho tres días de funerales por los muertos, visitó los enfermos, y los regaló con algunas cosas que le habían dado. Les explicó la manera de tratamiento, y reprendió las cabezas de la sublevación, corrigiéndolos amorosamente. No se supo en este mes otra cosa de lo acaecido en aquel pueblo.

No iban las cosas de mejor modo a los indios en el río Phacido, o Yaguy, porque ya no solamente estaban discordes entre sí, sino también con el capitán Nenguiru: porque como advirtiese la gente de algunos pueblos que dicho capitán a unos se entregaba totalmente, y a otros nada, le perdieron también la voluntad. Tuvieron por este tiempo frecuentes pláticas con los portugueses, provocándolos siempre a que saliesen a la llanura: pero asegurados por todas partes ellos en las riberas del río, con montes ásperos, habiendo cortado para murallas troncos, y habiéndose fortificado, se mantuvieron inmobles. No faltaban en los reales de los indios quienes de noche, y otras veces a escondidas, se fuesen a los del enemigo, atraídos con las esperanzas de premios, y a hacer negociación, la que prometía abundante el enemigo: y como todos los de los pueblos fuesen a estas ferias, todos se fingían Miguelistas: era gente de a caballo, y a los que veían venir a pie, no querían de noche creer los Miguelistas. Estas y otras cosas fueron semilla de muchas discordias entre los ejércitos de los indios, de suerte que alguna vez hubieron de tener guerra civil o interna. Y finalmente, cundiendo el mal, contagió al ejército, y ya cada uno determinaba volverse a su casa: aunque era óbice esto, a saber, que se volverían, y que reclutadas por todas partes mayores tropas de los pueblos de la otra banda del Uruguay, y preparadas armas nuevas, a principios de enero volverían. Los más prudentes no aprobaban este proyecto, porque se exponía toda aquella provincia, y todos los ganados, con los estancieros, a las invasiones del enemigo. Mas otros, estando más obstinados en su parecer, de facto empezaron a desbaratar el ejército, yéndose. Los primeros que se retiraron a su pueblo o casas, fueron los Nicolasistas; pero antes de la partida de estos, llegaron 200 Guanoas, con sus nobles capitanes, y entonces volviendo a enviar internuncios a los reales de los portugueses, los provocaban a pelear, y desafiaban al enemigo: pero en vano. Viendo pues al enemigo inmoble, un capitán de gentiles, llamado Moreira, se fue a hablar con el enemigo, y llevó consigo mucha yerba y tabaco que pidió a nuestros indios, y también carne para que comiesen: porque decía este, que él hacía esto con engaño o doblez. Y volviendo, persuadió a los Miguelistas, con cuyos caballos y esperanzas habían venido dichos gentiles, que se retirasen un poco de los reales, porque no fuese que les sucediese alguna desgracia: porque él había mezclado veneno en los regalos que había llevado, lo cual podía también redundar en daño del ejército vecino, o de los indios: pero que era público no haber sucedido cosa alguna adversa. Sospechó que el gentil había sido sobornado por los portugueses, para que persuadiese la retirada al ejército; porque ¿quien dará entero crédito a una gente infiel? No obstante, obedecieron los Miguelistas a la persuasión, y habiendo levantado los reales o campamentos, los apartaron algunas leguas de la vista del enemigo. Entretanto, habiendo enviado un Miguelista a desafiar a los portugueses, fue muy bien tratado por Gómez Freire, y habiéndole mandado sentar, lo regaló con cena y cama, y fue rogado a quedarse a dormir en tanto que escribía al cura del pueblo. Escribió, y bien de mañana entregó al enviado las cartas, y lo hizo volver en paz a los suyos. Mientras este venía a donde estabamos, fueron vistas por los Lorenzistas en el Yaguy, por aquella parte que divide las tierras de San Lorenzo y San Luis, tres lanchas portuguesas, o tal vez canoas, que navegaban río arriba, bajaron los Lorenzistas a las orillas de las riberas para impedir el tránsito al enemigo, mas porque no estaban bien proveídos de armas, que pudiesen ofender de lejos, llamaron algunos Juanistas fusileros. Vinieron estos, y trayendo consigo tres cañones de caña silvestre, bien retobados con cuero de buey, y llegando con estos el capitán de la Concepción: don Nicolás Nenguiru con algunos de los suyos, fijados los cañoncitos en las orillas del río y entre el monte, asaltaron a las canoas, y con cuatro tiros atormentaron una, quebraron otras, y las obligaron a irse precipitadamente por el río, quedándose tres paradas. Corrieron del campamento, río abajo, algunos marineros portugueses al socorro, y armándose entre los indios y portugueses una refriega, murieron algunos de estos últimos: se decía eran veintiséis, pero fue falso, solo fueron tres. Finalmente llegaron los Luisistas a su campo y con buen aguero; porque en estas embarcaciones venían con cuidado las cartas del gobernador de Buenos Aires, en las cuales le daban noticia de su retirada, y lo mismo persuadía a los portugueses. Habiendo pues leído Gómez Freire las cartas, fue de admirar lo furioso que se puso, dando en rostro a los españoles su engaño y trato doble, y a los indios el haber acometido a los suyos, lamentando también haberse frustrado el trabajo, o proyecto de doce años. Después el día 12 de noviembre cargaron los bagajes en los campos, y pareció que se disponían a la retirada. Mientras esto, pidió a los indios le dejasen libre el camino, ni le molestasen en la retirada, y para más asegurar la cosa, habiendo llamado a conferenciar a algunos caciques de San Luis, San Lorenzo y San Ángel, los cuales estaban entonces allí, porque los otros ya habían caminado a los pueblos, acordándose de sus mujeres y de sus sementeras, cuyo último tiempo era necesario lograr, los hizo jurar sobre los Santos Evángelios, y el mismo con juramento firmó, o hizo un escrito firmado con los nombres de los principales de los indios y portugueses, en el cual promete.

I. Que ni la una ni la otra parte se harían daño, hasta tanto que se diese la última y definitiva sentencia por los reyes de España y Portugal, acerca de las quejas dadas y perdón de los indios, o hasta tanto que el ejército español no volviese otra vez a campaña.

II. Que ambas partes se volverían a sus tierras, y que ni una ni otra nación pasaría el Río Grande.

III. Que los indios serían cautivos si pasasen el río, yendo a las tierras de los portugueses, y mutuamente los portugueses lo serían de los indios, si ellos intentasen pasar a sus tierras.

IV. Pidieron solamente se les dejase descansar algún tiempo en el río Yobi, mientras los animales recuperaban el aliento y fuerzas perdidas.

Firmaron estas treguas de parte de los portugueses, el mismo capitán general Gómez Freire de Andrade: Martín de Echauri, español, gobernador de Montevideo: Miguel Ángelo Velasco: Tomas Luis de Osorio: Francisco Javier Cardoso de Meneses y Sousa: Tomas Clarque: sacerdote secular, capellán de Gómez, en cuyas manos se hizo juramento. De parte de los indios firmaron, Cristóbal Acatu: Fabian Guaqui: Francisco Antonio y Bartolomé Candeyu: Santiago Pindo: don Ignacio Tariguazu: don Lorenzo Mbaype: don Alonso Guayraye. Concluidas estas cosas a 18 noviembre en la media noche, los portugueses que estaban de esta parte del río lo pasaron calladito, y juntos los batallones, marcharon sin hacer ruido: al día siguiente 19 se desaparecieron del todo. Asimismo también nuestros ejércitos, habiendo dejado unos pocos destacamentos por custodia y seguridad de las circunvecinas tierras de San Luis, San Lorenzo y San Juan, se retiraron a sus pueblos, no habiendo sido muerto indio alguno por mano del enemigo: pero si casi 100 portugueses acabaron con las armas de los indios. Arrimadas las lanzas, se empleaban en la devoción de San Javier, dándole gracias por haberlos librado de la tribulación; y las legiones, en lugar de las armas, tomaron con brío los arados, porque no se pasase el tiempo que aún quedaba para la agricultura, recompensando siquiera algo en este mes (ya empezaba diciembre) el que se había desperdiciado o perdido en el espacio de tantos otros.

En este tiempo llegaron de Buenos Aires, o de la ciudad del Puerto, más amenazas, porque el marqués de Valdelirios con más acrimonia escribió al gobernador por su retirada. También nuestro Altamirano prohibía con más rigor se trabajasen las fábricas de pólvora que ya tenía entredichas: no se dejó piedra por mover, y lo que es más, interponiéndose la ayuda y arte del padre provincial. Estaba empeñado dicho Altamirano en remover del lugar y oficio al cura de San Juan, a quien por falsas denuncias, y por su pasión, lo tenía entre ojos, porque le atribuía toda la resistencia de los indios. Mas sus feligreses, oponiéndose otra vez, como lo habían hecho en otras ocasiones, decían que ellos no sufrirían que se le quitasen del todo, hasta tanto que ellos recibiesen los preceptos de la boca del padre provincial, y que le pudiesen proponer las razones que militaban por la parte contraria. Se frustró, pues, por tercera vez el proyecto.

Se divulgaron también por este tiempo en los pueblos varios escritos y cartas, que habían sido introducidas ocultamente, y se les interceptaron parte a los portugueses, parte a los españoles, y mezclados a estos los indios: las cuales todas manifestaban que el ejército portugués estaba intimidado sumamente, y que no aflojaba la resistencia y obstinación de los indios en defender sus tierras. Aunque se portaban amigablemente en los reales enemigos, y se mostraban blandos o tratables, esto lo hacían con doblez o intención dañada, porque cuantos salían de los reales con pretexto de contrato, morían irremediablemente, y no perdonaban a nadie, aunque fuese desertor: y por esto los españoles se quejaban de que el trato de los portugueses era doloso, o nada sincero; y los portugueses, de haberles los indios protestado y dicho claramente que jamás verían sus pueblos.

Corría la voz, que había llegado a Montevideo un navío de España, y se esperaba que traería alegres noticias: pero el «run run» mezclaba una cosa bien sensible, y era que el padre provincial, acérrimo defensor de los afligidos, había acabado su trienio de gobierno, y se preparaba a volver a su provincia del Perú, de la cual había venido. No faltaban quienes afirmasen (no se sabe si por sospecha o algún rumor, o si se fingió maliciosamente) que Altamirano había de tomar el gobierno, mas no se dio crédito a tan clara mentira.

En el pueblo de Santa María iban las cosas de mal en peor, porque el cura fue a la Candelaria. Concluidos algunos negocios del pueblo, siguieron los principales y pidieron al vicesuperior otro cura, mas por la penuria de quienes supiesen la lengua, porque casi todos los lenguaraces estaban detenidos y custodiados por los indios en los pueblos del

Uruguay, no se les concedió lo que pedían. Acababa ya el año de 1754, siendo el tercero de la persecución y opresión de esta provincia, y el primero de la guerra.

Los principios del año de 1755 parecieron tranquilos excepto que, habiendo los Yapeyuanos elegido en el motín próximo a su capitán por alcalde, abusando después este de su autoridad, conspiraron juntamente con los de la Cruz, lo prendieron, dándole algunas heridas por haberse resistido, y lo enviaron desterrado hacia el Paraná: mas al pasar por el pueblo de Santo Tomé, sus moradores soltaron al preso, y lo restituyeron a su libertad; cuyo caso se creyó que ocasionase algún disturbio.

También llegaron de Buenos Aires algunos rumores ciertos con otros inciertos: que las cosas en la Corte estaban muy turbadas; que Carvajal, autor de estos males, el día 2 de abril del año pasado, con una muerte repentina había partido al tribunal del recto juez, Jesucristo, Señor Nuestro, habiéndole citado para aquel lugar tres días antes un varón de conocida santidad, el padre Burke, del Colegio de Escoceses. Que el lugar de este lo había ocupado un Irlandés, llamado W... Que el marqués de la Ensenada, primer ministro, había sido removido y privado de su empleo, y otros dieciséis ministros con él, y que todos habían sido desterrados a diferentes ciudades. Que del primero se habían confiscado inmensos caudales, y que en lugar de estos, se le había consignado 8.000 pesos anuales. Hasta aquí es lo cierto pero las cosas inciertas que anadía la fama, eran: que la causa del destierro de tantos ministros había sido un oculto tratado con el rey de Nápoles, a quien unos dicen querían elevarlo al Reino, depuesto el que actualmente estaba, y otros para que, elevado al trono, se opusiese a este tratado; y esta máquina o traición, muchos la atribuían a los Jesuitas. De aquí fingían unos que el confesor del rey había caído de la gracia, otros también que estaba preso. Por horas se esperaba de Europa algún navío que trajese algunas noticias. Entretanto los españoles fueron llamados por Gómez Freire a reiterar la guerra en el próximo marzo, y añadía, que si no lo hacían así, tendría por sospechosa la fe de los españoles, y daría de mano al negocio. También el marqués de Valdelirios con mayor fervor movía las cosas de la guerra, habiendo sido llamados para unirse los Paraguayos: mas ellos poco ánimo mostraban para emprender esto. También los vecinos de Santa Fe con más eficacia negaban poder dar ellos otra vez tropas auxiliares, aunque el teniente de gobernador se obstinaba en ello. No obstante de principiar ya marzo, no se sentía movimiento alguno. La ciudad de Buenos Aires padecía graves males; es a saber: hambre e invasiones de los gentiles, que habitaban hacia el sur: en una de las cuales perdieron treinta carretas, que iban a las Salinas, con crecido número de gente que fue muerta, ni con todo eso se arrepentían: y aunque claramente experimentaban que la divina justicia estaba por la causa de la Compañía, en nada se enmendaban por eso; antes bien con más dureza se empeñaban en odios contra la Compañía, y la llenaban de quejas, achacando a los Jesuitas ser causa de todos los males y revoluciones.

De Lisboa se divulgó también un verdadero aviso, que el primer ministro de aquella Corte, y familiar del rey, había caído al mismo tiempo que en España aquel principal ministro, por un caso inopinado, y había sido enviado del mismo modo que el otro, y que todo el Consejo real desde entonces andaba vacilando, y estaba dividido en diversos dictámenes; y por esto ya se creia, que todo este tratado se volvería en humo. Acabado marzo, los españoles pedían se difiriese la expedición para el estío, porque sería entonces menos molesta a las tropas, y mejor para los animales. Por tanto se suspendio, y en todos los tres meses no se oía casi hablar de otra cosa que de los aprestos de guerra, y alistamiento de soldados, de los cuales no obstante venían pocos, y con tibieza.

Entretanto todos los pueblos de los indios, y también nuestros colegios en las ciudades de los españoles, imploraban con mayor confianza el patrocinio de los Santos, e instaban con oraciones: y especialmente por este tiempo sobrepujó a todos el Colegio de la ciudad de Santa Fe, dedicando y ofreciendo al taumaturgo de Bohemia, San Juan Nepomuceno, una función el día de su fiesta: y cumplió sus votos con una solemnidad, que casi no habrá habido en estas tierras otra mayor: porque en la iglesia se erigió un altar hecho por mano de los indios, y con grande aplauso, concurso y devoción de toda la ciudad, colocó en él una grande y elegante estatua, que había sido hecha en uno de estos afligidos pueblos, es a saber, en el de San Lorenzo. La víspera, pues, se repicaron a mediodía las campanas de toda la ciudad, las cuales, de moto-propio y no siendo convidados, mandaron repicar los curas y prelados de las religiones. Resonaron de lo alto de la torre intrumentos músicos, es a saber, chirimías, trompetas, cajas y otros instrumentos de este género: además se dispararon los cañones de hierro, y los morteros con su gran ruido llenaron el aire. Fuera de esto, a las dos de la tarde toda la compania formó en procesión delante de la casa de cierto noble varón, llamado don Melchor Echaguee, el cual a uso del país fue elegido mayordomo del Santo. Y habiéndose reunido allí un numeroso concurso del clero, y de los hijos de Santo Domingo, estaba sobre andas adornadamente la estatua del Santo, como se dirá después. Se ordenó la procesión, cargando la estatua del Santo el clero, mezclado con los padres de la Compañía, que alternaban con los padres Dominicos hasta que se llegó a la iglesia parroquial, que es la principal de la ciudad, resonando continuamente las armas de fuego, cohetes y la armonía de la música. Luego que se llegó a la iglesia que, toda adornada con primor de luces y lámparas muy hermosas, relucía iluminada interiormente, hecha señal con la campana para vísperas, y colocado el Santo en el mismo presbiterio sobre una mesa, que para esto estaba adornada, se cantaron por punto las vísperas en que oficiaron nuestros mejores músicos, asistiendo a ellas todo el clero y los padres Jesuitas y Dominicos: concluidas las ceremonias, en el mismo orden, aparato y solemnidad, fue llevado el simulacro del Santo a nuestra iglesia, en donde se cantó el «Te Deum» solemnemente, resonando los cañones de fuego, y música, y también las campanas: y dicha la oración acostumbrada, se terminó por este día la solemnidad acordada. Después a las Avemarias y final de la fiesta, se encendieron algunos cientos de lámparas, se iluminó la torre parroquial, y también la nuestra tenía muchas banderas, que con hermosura batían el viento y se mezclaban con las lámparas. Estando la noche más oscura iluminaron el aire los cohetes voladores y se oyó el estrepito de las armas.

Al día siguiente, desde la aurora, los sacerdotes que no eran de casa, dijeron misa hasta las nueve, y más adelante, estando siempre la iglesia llena de pueblo de todo género, de condición y estado. Después cantó la misa solemne el doctor Leiva, párroco de la ciudad, la que mucho antes había pedido por un singular beneficio recibido: lo que llevó pesadamente el vicario. Un sujeto de nuestra Compañía predicó, y muy bien. Estuvo desde ayer, y todo el tiempo de la misa, la imagen del Santo sobre el altar mayor, en un rico trono de oro y plata, reluciendo todo el altar con este metal, y la efigie del Santo, y principalmente la mesita donde estaba, toda cubierta de piedras preciosas, perlas y diamantes. Y aunque todas las matronas de Santa Fe juntaron sus riquezas para este ornato, con todo, sobrepujó cierta noble mujer, advenediza del reino de Chile, que había venido a esta ciudad: la cual, como ya no hubiese lugar en el altar, colocó bajo de las gradas del presbiterio una mesita con un niño Jesús, en quien lucían cosas tan preciosas, en oro, diamantes, y también por el arte singular con que las había dispuesto, que a todos arrebataba, dejando muy atrás a las demás señoras patricias. Concluida la solemnidad de la misa, que duró hasta el mediodía, se sacó del altar mayor la efigie del Santo, y cantado otra vez el «Te Deum» los padres de Santo Domingo, fue colocada (con increíble gozo y alegría de todo el pueblo y ciudad, y principalmente de nuestros padres, de que fueron testigo los reiterados y solemnes repiques de campanas) en su altar propio, que le habían preparado los afligidos indios; el cual, fuera de su propia hermosura, estaba grandemente adornado con alhajas de los vecinos. Se concluyó finalmente la solemnidad, pero no la devoción: porque además de ocurrir nuestros Jesuitas cada día con mayor fervor al poderoso patronicio del Santo contra los murmuradores, también no era pequeño el concurso de los de toda la ciudad en las aflicciones y calumnias que por todas partes se suscitaban contra los indios, que han sido cometidos por Dios a nuestra fe y doctrina, y por eso mismo también contra nosotros, como defensores de esta justa causa.

Cuando estas cosas sucedían por mayo en la ciudad de Santa Fe en honor del taumaturgo de Bohemia, el pueblo de San Miguel, distinguiéndose entre todos, se preparaba a cumplir con otro semejante altar (excepto las riquezas) sus promesas hechas a Nuestra Señora de Loreto, cuya descripción omitimos, por haber referido la anterior: pero después por su orden se referirá, cuando hayamos hablado de lo que sucedió por julio; habiéndose pasado casi tranquilamente el resto de mayo, y también junio.

Dijimos casi tranquilamente, porque no hubo hostilidad alguna: aunque no por esto dejaron los enemigos de maquinarlas, pues siempre su descanso es una asechanza, y aunque no hagan hostilidades, las están disponiendo y proyectando. Por esta causa, para privar a la confederación de los auxilios que debían dar a los Guaranís las infieles tropas de Guanoas gentiles (las que deben ser tenidas como enemigas, aun cuando son amigas, pues a ninguno, ni aun a Dios, guardan fe) llamaron a ciertos caciques de ellos, y los llevaron a un castillo que estaba más inmediato, para persuadirles lo que querían: —lo que es fácil de conseguir de una gente pobre, y deseosa de donecillos, regalos y vestidos de ante o coletos. Fueron algunos a dicho fuerte por las dádivas, y también (lo que entre cristianos es abominable y vedado por excomunión) casi los violentaron con las armas, y se dijo que también los habían corrompido o sobornado. Así lo contaron después a nuestros Miguelistas otros caciques de los Minuanes, que habían participado de los dones o regalos. Que algunos de los suyos habían sido pagados para la guerra, y principalmente uno llamado Moreira, para que en la siguiente expedición custodiase los bagajes de los portugueses con su gente. Que tenían mucha ropa, armas, y se veían armados, y estar instruidos con alfanges para este fin. Fuera de esto que los portugueses, confiados en esta esperanza, erigían un fuertecillo que había de servir de oportuno presidio a los reales que se habían de formar en las montañas de San Miguel, cercanos a las estancias de Santa María, las que se llaman de Yacegua: pero que también otros caciques de la nación se excusaban, y que por tanto avisaban con anticipación a los amigos lo que se había tratado. Por esto fueron después señalados exploradores católicos o cristianos del pueblo de San Miguel, los cuales con la guarnición que estaba en los últimos términos de la jurisdicción, debían correr la tierra. Recorrieronla, y avisaron que no parecía enemigo alguno, y reconviniendo al mismo Moreira, afeándole su hecho, confesó que verdaderamente él había sido llamado de los portugueses, y solicitado con dones por las cosas sobredichas, pero que de ninguna suerte había consentido: por lo cual se había retirado, habiendo los Lusitanos con furor, hechole muchas amenazas. Esto decía el, mas si fuese verdad lo que decía se esperaba lo probase el efecto, si se ofreciese la ocasión; mas por entonces así se creyó.

También esparcieron los portugueses con estas cosas no pocas mentiras contra los indios, y principalmente que muchísimos se habían pasado a ellos, y que numerosas cuadrillas a menudo se iban huyendo de la tiranía de los padres, y que ya se contaban y numeraban algunos cientos de los dichos. Fingían estas cosas con el fin de provocar a los españoles a volver a emprender la guerra, pero después se descubrieron reos o autores de la mentira, cuando por mano del provincial de la provincia del Brasil enviaron la lista de los indios que moraban entre ellos: de los cuales algunos estaban casados, y otros lo pedían: pero no contaban más de cincuenta, de los cuales muchos tenían apellidos del pueblo de San Borja, pero discrepaban en los nombres. Se halló también que otros, que estaban insertos en dicha lista por su nombre y apellido, ya se habían restituido otra vez a sus pueblos. Los portugueses andaban solícitos en persuadir a los españoles estas cosas, mas a los indios les constaban otras: es a saber, que el padre Rabago (en quien ponían los indios en lo humano alguna esperanza de su patrocinio) había sido privado del confesionario del rey, que había caído de gracia, y a más de esto, que estaba preso: pero después avisaron de Europa, que era impostura y mentira de los portugueses.

Ya fenecía julio, cuando en el puerto de Montevideo apareció una embarcación mercantil el día 27 de julio, la cual traía 150 soldados presidarios para aquel castillo, y setenta misioneros de la Compañía, cuarenta para la provincia de Chile, y treinta y uno para la nuestra; quedándose en España los demás, que casi eran otros tantos, con el procurador que reside en la Corte, y tiene a su cuidado los negocios de la Provincia y Misiones. En verdad que no causó a todos poco consuelo esta noticia, especialmente por haberse llenado la provincia de noticias prósperas, y también de cartas que anunciaban todo favorablemente. Parecía que estaba el negocio concluido, que la Corte había desecho el inicuo tratado, que se regocijaba o deleitaba con nuestra fidelidad y obediencia, que había aceptado la apelación por parte de los pueblos, que mandaba se suspendiesen las cosas. Así se decía a los principios: mas como las noticias tristes suelen seguirse a las prósperas, los Comisarios reales de este negocio divulgaron todo lo contrario: que estaba aprobada la guerra hecha a los rebeldes, como ellos decían; que también se daban las gracias a los ministros por el celo y gasto hecho para sujetar a los contumaces; que las cosas que se habían dicho favorables, habían salido de charcos, y no de la fuente; que se había de proseguir la guerra y se había de hacer más cruda. Para este fin fueron expedidos nuevos decretos e intimaciones a nuestro prelado inmediato, fulminando estragos, y amenazando llevarlo todo a sangre y fuego, sino se rendían los pueblos.

Remitió estas intimaciones al gobernador de la Concepción, Nenguiru, la Curia, Consejo o junta doméstica, porque de otro modo se desconfiaba que se pudiesen publicar: para que este, interponiendo la autoridad que tiene entre ellos, pasando el río, las intimase y promulgase a las provincias y pueblos obligados a mudarse. Mas este, no confiando del pueblo airado, y previendo y conociendo que no había de hacer otra cosa que aumentar tropas de amotinados, volvió otra vez a remitir a la Curia todos los papeles, suplicando a los prelados no diesen lugar a que la provincia, poco apaciguada, se alborotase aun todavía más; ni tampoco obligasen a su cabeza, o gobernador, a exponerse a peligro cierto de muerte. Se aquietaron, y despreciadas dichas amenazas, se esperaba lo que había de suceder.

Entretanto por todo agosto, septiembre y octubre, se reclutaban soldados en las ciudades de españoles y portugueses: pero en las nuestras no había sino paz y quietud, y se proveía que, en tanto que se aquietasen las cosas, se despachasen para todas partes exploradores como en otro tiempo, y que estuviesen con más vigilancia.

A fines de octubre, o por mejor decir a principios de noviembre, el gobernador de Buenos Aires, pasando el ancho alveo del río, llegó a la ciudad de Montevideo, en donde debía juntarse todo el ejército de españoles. También se decía que caminaban hacia Montevideo 200 soldados que habían sido despachados de la ciudad de las Corrientes, y otros tantos de la de Santa Fe; pero si esto es cierto o no, el tiempo lo dirá: que de los 200 Correntinos no habían quedado sino ochenta, y que los demás se habían desertado. Asimismo, que entre los desertores se habían vuelto a su casa algunos Abipones que el comandante había traído como exploradores, siendo muy baqueanos. También en Santa Fe, habiendo el teniente convidado para la liga a los Mocobis, se negó el cacique bárbaro, y no dio respuesta de tal, porque dijo: que él «no había abrazado la ley de Cristo para hacer guerra contra inocentes cristianos, y que antes bien favorecería a los oprimidos, a no ser que se lo impidiese aquel gran río».

Que a unos y otros, esto es, Santafecinos y Correntinos, se les habían disparado los caballos, y se les habían perdido por los inmensos campos: que por todas partes, y especialmente en Buenos Aires, cada día se morían y perecían a centenares; y por esta razón algunos dudaban del eficaz progreso del ejército. No obstante, aunque es cierto que la Corte no dudaba de la iniquidad, y que también trabajaba en la disolución o nulidad de los pactos, no obstante, como no enviasen algún cierto y deliberado decreto sobre si se había de suspender o continuar la guerra, los ministros de ambas Cortes que están aquí, mueven con mayor actividad las cosas de la guerra: y como los españoles, con dificultad, y casi violentados, eran llevados a esta expedición y, como decían, eran obligados y constrenidos a ella por solas unas razones políticas, procedían con lentitud, o procuraban irse despacio. Por esto, estando muy adelantado noviembre, aun estaban en la ciudad de Montevideo, y no sabían si con sinceridad o con doblez se divulgaban acá, donde yo estaba, ciertos avisos secretos, que no deseaban otra cosa los españoles sino que las fuerzas de los indios se les opusiesen, y quemasen los campos por donde habían de pasar, para que se les diese ocasión de dar por excusa el defecto de los pastos, y retroceder, o a lo menos retardarse, en tanto que llegase de la Corte alguna cosa cierta. Aunque sea dudando, no sin fundamento, de la posibilidad del expediente, porque los pastos maduros en estas tierras, y la paja que es apta para el fuego, no lo son para los animales, pero una vez quemadas, como poco después vuelven y reverdecen, con ansia los comen los caballos y los gustan grandemente; así se sospechó, y no vanamente, por algunos, que era estratagema, y que bajo el pretexto de ponerles miedo, se le pedía favor, y aun auxilio al enemigo: especialmente siendo así que los campos y llanuras quemadas mostrarían mejor el camino a los viajantes, cuando por lo contrario estaría embarazado e impracticable, lleno de maleza.

Mas como ya no quedase duda alguna acerca de los preparativos de la expedición, y tardasen los navíos de Europa, se acordó que, estando desprevenida la provincia, para evitar que fuese atacada de los enemigos, se preparasen aquí las cosas, para su defensa, y se vigilasen con más diligencia los caminos: también pareció del caso que se incendiasen o quemasen los campos.

Constaba suficientemente, no como al principio por mentiras, que eran 1.500 españoles, y con los socorros de las otras ciudades, casi 2.000: que los portugueses eran 3.000; por tanto el total era 5.000: pero que uno y otro ejército todo junto llegaría a 3.000, lo escribió el jefe de esta gente (el gobernador de Montevideo, el que, como se decía, venía en lugar del de Buenos Aires, y había de tener cuidado de este negocio) a cierto Jesuita amigo suyo, que algunas veces le fue piedra de escándalo, y que ya no está en aquella ciudad: en verdad que el testigo es idóneo, y vale por todos. También se tenía por cierto, que el ejército español había de hacer el camino desde el castillo de San Felipe, vía recta, a las cabeceras del Río Negro, y hacia el pago de Santa Tecla, término y guardia de los Miguelistas, y que de allí había de penetrar, con grandes rodeos, por provincias desiertas, hasta una fortaleza portuguesa, situada en el río Yacuy; la cual poco antes no tenía nombre, y ahora, por la invasión que se les frustró a los indios, la llaman (pero mal) el Fuerte de la Victoria: y que finalmente, unidas las fuerzas, habían de caminar al pueblo de San Ángel. Así se determinó en el Consejo de ambas naciones, y aunque estas determinaciones parecían a los baqueanos o peritos de los caminos muy violentas, y casi impracticables en la ejecución, con todo se tuvo por conveniente proveer todas las cosas, y prevenirse contra los insensatos conatos o esfuerzos de los portugueses. No debalde se juntaron los capitanes, corriendo ya enero, y aunque no se sentía movimiento alguno del enemigo, determinaron no obstante muy de antemano, que toda la gente de los pueblos vecinos se juntase y viniese al socorro. Y después despacharon cartas y un correo a los de la Concepción y de Santo Tomé, las que estos debían despachar más adelante a los otros pueblos, para que se acercasen más, y pusiesen exploradores por todas partes, y principalmente porque en los yerbales no sé qué hacían los enemigos: sospechó que los fuegos que se habían visto no fuese que maquinasen alguna irrupción, o que componían los caminos. Luego al punto se destinaron diez Juanistas, y casi otros tantos de San Ángel, para que fuesen hacia los montes, adonde se haría alto; y del pueblo de San Miguel, un capitán del campo que estaba de guardia en Santa Tecla, para que avisase a los suyos el estado en que estaban las cosas: porque se decía que por aquella parte amagaban los enemigos, y que ya había dos meses que caminaban, a saber, desde el 5 de diciembre.

Cuando por este tiempo todo este aparato parecía se quedaba en pareceres o disposiciones, y por otra parte se confirmaba la venida del enemigo con cuotidianos correos, y los curas se estaban durmiendo o en inacción, hubo quien empezó a mover el negocio, exponiendo que no se debía andar con negligencia, y que se debían juntar tropas, ponerlas listas y despacharlas a los términos de la jurisdicción, para que no entrase el enemigo a los campos remotos de las estancias o crías, destrozándolas y matando, sin ser castigado, y no estorbándoselo nadie. Con dificultad se consiguió esto, después de muchas razones que se expusieron: es a saber, que llegaría tarde el ejército para salir al encuentro desde casi 100 leguas de distancia, si entonces se empezaban a juntar tropas, cuando ya el enemigo acometiese: que el enemigo podía andarlo todo, y los reales portugueses se andarían camino recto, por medio de las estancias que destruirían: que cerrarían la comunicación a los indios, y les quitarían la comida, cuya falta ya se empezaba a sentir; y finalmente que siempre es mejor atacar primero al enemigo que no ser atacado de él. Por estas razones al fin se consiguió que se despachasen nueve correos o postas, los que por todas partes avisaran y movieren a los confederados. También el capitán de la Concepción estaba ya con una partida de 150 hombres en sus estancias que confinan con las de San Miguel, y para completar dicha partida se enriaron otros sesenta del pueblo. Pusieron en movimiento a los escuadrones auxiliares, que debían venir de los pueblos de Santana, del de San Carlos y de los Ángeles, sesenta, del de los Mártires, sesenta, del de San Javier, y de Santa María, treinta. Arregladas de repente por aquella parte las cosas, repuesto el capitán que poco antes lo habían quitado, habiéndose vuelto a sus casas sus gentes, que andaban esparcidas por diversos pueblos, se creía que el Consejo doméstico había obrado esta mudanza, la que luego surtió buen efecto.

En los demás pueblos del Uruguay, como avisase el posta que poco antes había enviado y ya estaba de vuelta, que no había rumor, ni se sentía el enemigo, se daban prisa para esperarlo los escuadrones de los otros pueblos. Mas, a 20 de enero llegó un correo impensadamente, que avisó que el día 16 del mismo mes, en las cabeceras del río Negro, por aquella parte en que hay una angosta entrada, entre los ríos Negro y Yacuy, en las tierras de San Miguel, la cual entrada o puerta de la tierra llaman los indios «Ibiroque», había aparecido el ejército de los españoles cuando menos se pensaba: que habiéndolo visto cinco exploradores, les habían confesado que venían 2.000 españoles a esperar a los portugueses. Marchaban formados en cuatro líneas sencillas y no apretadas, formando un cuadro, en cuyo centro iba una innumerable porción de caballos, bueyes, carretas, y los bagajes de los gobernadores, y también de los capitanes, con orden. Muy cuidadosos estuvieron en preguntar a los cinco exploradores, si por ventura algunos padres Jesuitas estaban en el ejército de los indios, y de que número se componia? Les fue respondido que aún no habían venido los padres, pero que vendrían: que el ejército por entonces no pasaba el número de 2.000 (así pareció a los indios engañar al enemigo, siendo apenas 100, y si se incorporaban los Concepcionistas que estaban cerca, serían 300), pero que habían de llegar a 5.000, luego que se juntasen todos.

Apenas llegó esta noticia cierta al pueblo, que volaron los correos, y se dio aviso a todos los pueblos, los cuales, ya parecía que querían salir a campaña, ya que no querían: mas, se juzgó no tardarían. El día 21, habiendo hecho primeramente en la capilla de Loreto una procesión de penitencia, y cantada en el mismo lugar una misa solemne y votiva «pro gravi necessitate», salieron del pueblo de San Miguel 350 soldados, todos de caballería, los que pasarían del número de 400 en uniéndose con aquellos que ya estaban de guardia. El mismo día salieron de San Ángel 200, de San Lorenzo 50: el día antes habían salido de San Luis 150, de San Nicolás 200: el día siguiente salieron de San Juan 150, y de la Concepción 200.

No obstante, todas las cartas que venían de las ciudades de los españoles anunciaban que había grandísima esperanza: que por días se esperaba de Europa un navío de guerra que había de desbaratar todo el tratado; que todo el bienestar de los indios, en este intermedio que se aguardaban las providencias, consistía en la constante oposición a los ministros reales que estaban en estas partes, los cuales trabajaban con ahínco en la ejecución del tratado, para que antes que viniese de la Corte el consuelo a los pobres, las cosas estuviesen en tal estado que no admitiesen remedio, estando una vez tomados algunos pueblos: y por tanto, protestaban a los indios que harían al monarca un gran servicio, si se defendían, oponían y resistían con todas sus fuerzas, mientras llegaba de Europa la providencia que se esperaba. ¿Quien creyera esto? que las cosas de los indios estén en tal estado, y se hallen en tal situación que para servir al rey y prestarle fidelidad, sea necesario tomar contra el mismo rey las armas.

Marchaban ya sobre el enemigo las sobredichas tropas, pero con paso tan remiso, como acostumbran para todas las cosas los indios, que podía el enemigo ocupar fácilmente todas las tierras de la otra banda del Monte Grande. Pero como este tenía necesidad de buscar los portugueses auxiliares, e irles al encuentro, marchó hasta Santa Tecla por unos largos rodeos, y así dio lugar a los indios para que 100 Miguelistas, que iban con pasos más acelerados con su capitán José Tiararu, se les pusiesen a la vista.

Los primeros a quien este capitán acometió fueron dieciséis españoles con su alférez, los cuales fueron a reconocer las tierras de San Agustin. Habiendo con sus soldados atacado a estos, fácilmente los desbarato, y los despedazo todos, como si fuera uno solo. A otros veinte no lejos de los Cerros Calvos, que los indios llaman «Mbatobi» con la misma fortuna los acabo, excepto uno que se escapó huyendo: con estas dos matanzas se hicieron los españoles más cautos, y así después escudrinaban o exploraban las tierras con tropas más crecidas: y a la verdad a fines de enero, habiendo salido un numeroso escuadrón, enviaron adelante cinco exploradores, a los que, habiendo el capitán José acometido con poquitos de los suyos, como no hicieren resistencia, los persiguió y mató a cuatro: mas el quinto, escapándose por la ligereza del caballo, llegó corriendo a los españoles, que estaban emboscados detras de las cabeceras llenas de bosque del Río Vacacay, y esto, acometiendo con un numeroso escuadrón al sobredicho capitán, y a pocos de los suyos, como por defecto del caballo cayese en una fosa que habían hecho los toros, le rodearon o cercaron, y también a algunos indios que iban corriendo al socorro del capitán; a quien primero con una lanza, y después con una pistola, mataron. Y habiéndole muerto, sus súbditos, aunque cercados, rompieron a fuerza los escuadrones del enemigo, y se pusieron en salvo, quedando muerto uno, si no me engaño, y otro herido: arrojaron el cuerpo ya despojado de todo, y como algunos dicen, lo quemaron con pólvora, mientras aún estaba expirando, y lo martirizaron de otras maneras. Enterraron (con los sagrados canticos e himnos que se acostumbran en la iglesia, pero sin sacerdote) el cuerpo de su buen, pero muy arrojado capitán, en una vecina selva, habiéndole buscado de noche los suyos con gran dolor, a la medida del amor que le tenían.

Fue de admirar cuanto cayeron de ánimo los indios con la muerte tan intempestiva de su capitán, en cuyo valor, prudencia y arte, tenían puesta toda su esperanza: y por esto, después de algunos reencuentrillos que hubo tras el río Vacacay, desde vísperas hasta la noche, es que cuentan los indios una cosa particular: que cierto portugués, hijo de Pinto, gobernador de la recién construida fortaleza en el Yobi, o sobrino de parte de su padre, el cual fue muerto por los indios con una bala para vengar dicha muerte, en un caballo elegante, y bien armado de fusil, pistolas y alfange, un Lorenzista, a quien el mozo tiraba a matar, corriendo confiado a caballo hacía el, lo traspaso por la espalda con un tiro de pistola, y como por fuerza del dolor cayese del caballo, se pusiese otra vez en pie, y se preparase a pelear con el alfange, lanceado por el mismo indio, finalmente murió. Después de estas cosas, retrocedieron los indios, atendiendo a su corto número, y siguiendo el consejo de su finado capitán.

Siguieron los enemigos bien de mañana (era domingo, después de la Purificación, 8 de febrero) y los obligaron a esconderse en un monte, que ellos llaman «Largo»: el día siguiente pusieron sus reales dichos indios cerca de la laguna llamada del Cocodrilo, o «Yacare-pitu», entre dos zanjones que las aguas habían hecho: y para estar allí más seguros, y detener algún poco al enemigo, determinaron que cerrasen la puerta otros fosos hechos con arte y por sus manos. Pero como seguía el enemigo el rastro, de modo que ni en toda la noche podían perfeccionar o concluir los fosos y parapetos de tierra, habiendo acampado a la vista, descanso aquella noche. Desde muy de mañana (el 10 de febrero) formados en batalla los escuadrones, marchó contra los indios, quienes tomando las armas y saliendo fuera del foso, se opusieron audaces al enemigo: pero no bastantemente prevenidos, porque todos los más, excepto cincuenta, estaban a pie, engañados con la inmediata función, y juzgando que el negocio más se había de decidir con palabras y cartas que con la espada. Algunos persuadían que se siguiese el consejo del capitán difunto, José, y que se debían retirar hasta las montañas, si tardaren los aliados: pero prevaleció el dictamen del nuevo capitán Nicolás, que pensó que debían pelear, si fuese necesario, y de ningún modo ceder. Este pues en persona, con Pascual, alférez real de San Miguel, saliendo de sus líneas, se acercó a las del enemigo, y preguntó, lo que querían. Se le respondió, que ellos iban a los pueblos de los indios, y que así se apartasen y no impidieren el camino. Asalarió entonces a un Miguelista, llamado Fernando, para que fuese a los generales enemigos y les preguntase la causa de su venida: con dificultad se halló quien fuera, pero finalmente marchó, y siendo llevado ante el general español, habiéndole expuesto las cosas que sus padres, o los Jesuitas, y las que también sus mismos compatriotas habían padecido para obedecer al rey, hasta haber muerto o quedado en la demanda, le pidió en nombre de sus capitanes y pueblo, que desistiesen del intento, porque de otra suerte estaba dispuesta la gente a pelear, y defender lo que era suyo. Dijo el general español y gobernador de la Provincia, que había de ir adelante, aunque no quisiesen los indios, y que a él y a los suyos había de perseguirlos hasta sujetar todos los pueblos, según el decreto del rey: y que sabía muy bien que tres padres estaban en un vecino lugarcito, Colonia de San Miguel; y que así fuese, y les dijese en su nombre, que él esperaría tres días (porque preguntados los baqueanos, dijeron que eran necesario este tiempo para llevar el aviso, siendo así que el pueblecito dista del lugar día y medio de camino, o casi 30 leguas) y que viniesen los padres con los cabildos del suyo y de los otros pueblos, y al nombre del rey diesen la obediencia al capitán general. Salió de los reales el dicho Miguelista, Fernando, y refiriendo a sus caciques que estaban esperando algunas pocas cosas de las que a ellos pertenecían, tomó el camino sin parar, entre los escuadrones que después habían de pelear, hacia el pueblo de San Javier, en donde dichos padres esperaban de oficio, parte para precaver los daños de sus ovejas, parte, y especialmente, para atender al bien de las almas de los indios, que se disponían al combate. Y como una multitud de soldados indisciplinados y libres puede acoger cualquier sospecha, tomando a mal esta retirada de Fernando los soldados de otros pueblos, pensaron que este, los padres y todos los Miguelistas maquinaban insidias y traiciones. Cuatro pues de a caballo (no sé de qué pueblo) conclamaron, y unidos siguieron a Fernando, e intentaron darle muerte: el que, estando para ser degollado, pudo librarse huyendo, y al cabo de cuatro días con dificultad llegó a los padres que ya estaban a la otra parte del Monte Grande, y detalladamente conto en la estancia de Santiago sus peligros, que la fama mucho antes (como suele) había divulgado y abultado con los más vivos colores.

Pero mientras Fernando padecía entre los suyos estas cosas, el pueblo sufrió de los enemigos un gran estrago: porque apenas el enviado salió del campo contrario, cuando vio que se formaban en batalla, se aprontaban las armas y ponían al frente la artillería. Se adelantaron cuatro capitanes, y dijeron a voces, que se apartasen los indios, y diesen lugar para que pasase el ejército español y portugués, que no querían los generales matar, ni quitar las vidas, sino tomar camino libre. Engañada la plebe sencilla de los indios con este pregón tan falaz, unos se disponían a retirarse, otros lo comenzaron a hacer: pero otros más esforzados y advertidos, rogaban con ardor no se rindiesen, que ya no era tiempo de rendirse, sino de valerse hasta lo último de las fuerzas y valor: que convenía morir peleando, y no huyendo. Alistados pues seis cañones cargados de mucha metralla, y hecha señal, empezaron los españoles el combate con poco efecto: porque algunos indios a la primera descarga se escondieron en los fosos que antes habían hecho, los cuales no defendían lo bastante a los que se agachaban: otros persistían peleando, otros retrocedían. Viendo la caballería del enemigo, dividido en tres partes el ejército de los indios, con un movimiento rápido cortó a la que retrocedía de la que peleaba, y así un trozo, siguiendo a los rendidos, los puso en fuga, y mató: mas, la otra, unida con la infantería por la retaguardia, atacó a los que peleaban, y con ferocidad los destrozó; y finalmente, con dificultad hizo cesar el general la matanza. Aprisionaron 150 indios de los que peleaban, y se juzga que casi son 600 los muertos que quedaron por los campos: los demás se desparramaron huyendo.

No es de admirar que los indios huyesen, y hayan sido vencidos, así como no es gloriosa para los españoles la victoria: porque con 3.000 bien armados, con armas de fuego, y muchísimos bien disciplinados, peleando contra 1.300 que no tienen sino arcos, flechas, hondas y lanzas, y que no sufren disciplina, ni conocen jefes, sino en el nombre, hubieran puesto un gran borrón, o deshonra al nombre español si hubiesen sido vencidos. No obstante, con inhumanidad usaron de esta victoria: porque para hacer más cruda y feroz la guerra, dicen los indios, que se encarnizaron, «encendiendo de nuevo lo quemado», y así a la tarde volvieron a reiterar los lanzazos en casi todos los muertos, por si acaso algunos estuviesen vivos, y sacando los reales un poco más allá del lugar de la matanza. Este día los fijaron fuera de los cadáveres.

Al día siguiente, el primero de los fugitivos que llegó a las montañas, fue un noble Miguelista, llamado Bernabe Parave, el que pasando los montes con marcha violenta o paso acelerado, trajo a su pueblo la más triste noticia, aunque de tan lejos (esta en realidad ya se esperaba) la que, habiéndola esparcido también a la entrada de las fronteras entre los suyos, llegó, ya crecido el día, al pueblo de San Javier, anunciándole que todos los indios habían muerto, habiéndose escapado pocos en la huida. Confirmaron lo mismo otros dos nobles ciudadanos del mismo pueblo, que llegaron adonde estabamos. Puestos, pues, los padres en una gran consternación, habiendo hecho junta, y determinado huir del enemigo que ya estaba inmediato (porque la fama, como es una embustera, y crece con el miedo, divulgaba que ya en el paso del Ibicuy, distante de donde estabamos 6 o 7 leguas, se veía un escuadrón enemigos, hecho formidable con dos cañones de artillería, y que venía a tomar por fuerza a los padres) se disponían estos a desamparar el pueblo, y quemar todas las cosas que no permitía llevar el tiempo. La falta de carretas fue un gran obstáculo: los indios cargaban los carros con las alhajas de casa, y a toda prisa acomodaban todos los trastes: los muchachos y mujeres montaron todos los caballos que habían quedado a la mano, y caminaron hacia las montañas. En el mismo día, un carro, grande del padre que moraba en dicho pueblito, y que por un incendio de la casa e iglesia, que poco ha había sucedido, vivía debajo de unos cueros y pabellón (aun el día que llegaron los padres que habían de tener cuidado de las almas de los soldados) camino por adentro y hacia los pueblos, al cual, como el peso y volumen, como v. g.: dos tachos grandes de metal colado, siete campanas, casi treinta cañones de fusil, que se sacaron del incendio, una caja llena de instrumentos de hierro, y otras cosas de este género, le impidiesen caminar, las primeras cosas las enterraron en el vecino bosque, otras en la huerta, y otras en el mismo relente o canal. Finalmente, habiendo salido de las chacras todos los moradores, se puso fuego a las casas, y todo el pueblo ardió; y montando a caballo últimamente los padres, siguieron al pueblo.

Al ponerse el Sol llegose a la montaña llena de bosque, y porque el temor del enemigo que se acercaba los tenía desasosegados, habíase intentado pasar el monte: mas, como la estrechez y escabrosidades del camino no permitiesen que pasasen todos, una parte paró a la entrada de la selva, y la otra a la cumbre de los montes, entre las llanuras de las selvas: últimamente, llegaron los padres por medio de tigres que rugían y de onzas, de terrible magnitud, en el silencio de la media noche. Fueron después de mediodía al pago y estancia de Santiago, para estarse allí, mientras llegaba una detallada y segura noticia de la mortandad, y se explorase el movimiento e intención del enemigo.

Al día siguiente, muy temprano, he aquí que llegan sesenta hombres valerosos de San Pablo, que eran los primeros que venían al socorro ya tarde, y habiéndose formado con algunos Luisistas, y enfurecidos algún tanto, se acercaron a caballo a la capilla, y después, poniéndose a pie, con audacia se presentaron delante de los padres, y habiendo hallado a los tres en la puerta de la capilla, con un razonamiento imperioso y llenos de furor, les dijeron:

—«Que aquellas tierras eran totalmente suyas y de sus nacionales, y no de los padres; y por tanto que no tenían cosa alguna de qué disponer y dar a otros, especialmente a los enemigos: que de los tales sabían ellos, y esto también les constaba de una carta que habían interceptado, que los padres conspiraban con los enemigos, y que les querían entregar estas tierras: y que así, sin demora, se volviesen a su pueblo, que ellos en el campo no los necesitaban para nada.»

Cuando así hablaba el teniente de San Pablo con tan impertinente discurso, también otro joven noble, sin barbas, empezó a decir otras cosas peores. Tres soldados Miguelistas, del mismo pueblo y asistentes de los padres que se habían llegado a la puerta de la capilla y de la cerca, espantados de una audacia tan desvergonzada, embistieron con las lanzas, y se atrevieron a echarlos con entera y manifiesta temeridad. Viendo esto uno de los padres, se arrojó a las lanzas, y asiéndolas con las manos, detuvo el ímpetu, y con palabras graves y nerviosas contuvo la audacia, e hizo que se apartasen. Habiéndose sosegado el tumulto, aunque los aguaderos, cocineros y todos los muchachos de los padres otra vez anduviesen armados por la cocina, no se intentó cosa mayor. Finalmente se tranquilizaron, habiendo todos los padres reprendido la temeraria audacia de los del pueblo de San Pablo, y habiendo hecho demostración que todas las cosas que hablaban eran falsas, y la acusación infundada. Se indagó que cosa dijese la carta, quien fuese el autor, quien el testigo, y en que lugar se halló. Pusieron o presentaron en medio a cierto Luisista, el cual dijo delante de todos, que él había pillado la carta, la había leído, e interpretado, y finalmente la había enviado a su superior o cacique. Preguntándoles que cosa había comprendido de aquella carta, dijo, que se pedían en ella pasas, garbanzos, habas y otras legumbres para sustento de los capitanes de los enemigos, cuyos nombres, puestos en la carta, yo mismo leí. Se les demostró que había entendido, o interpretado mal la carta, porque era del cura de San Miguel, quien pedía las sobredichas legumbres para su cocina y la de sus compañeros, e insertó en ella los nombres de los capitanes, para que supiesen los demás padres que los generales estaban ya aquí con el ejército: por fin se apaciguó la gente amotinada. Los capitanes de San Pablo, habiendo pedido antes perdón a los padres y a los Miguelistas que estaban en su compañía, a los cuales también tenían por sospechosos, se retiraron a sus reales, que desde antes de ayer tenían puestos en un río que corre al pie de la colina del pago, o estancia.

Después de vísperas, juzgando los padres que todo estaba sosegado, he aquí otro alboroto: que iban llegando las reliquias de los Luisistas, los que eran unos veinte, que de la Matanza habían quedado vivos, y mezclados con algunos otros soldados de los otros pueblos; los cuales, apeándose de los caballos, se entraron a la capilla de Santiago, y hecha oración, cantaron también un responso por los que habían muerto en la pelea. Y habiéndoles perorado uno de los capitanes una breve oración fúnebre, salieron de la capilla, pero con tan grave rostro y furioso semblante, que no hablaron, ni saludaron a los padres que estaban presentes: antes bien despidieron prontamente al cura que les hablaba, y diciendo que no tenían cosa alguna que tratar, se fueron a la espalda de una huerta de duraznos, en donde se acamparon, y después, habiendo entrado en la huerta, se hartaron de frutas, de que estaban cargados los árboles. Callaron a estas cosas los padres, porque no fuese que, entrando ya la noche, intentasen los amotinados ofenderles, o hacerles algún daño: y así se mandó estuviesen en vela, y armados a la puerta de la capilla, todos los Miguelistas compañeros de los padres. Pasose toda la noche, y habiendo hecho estos una junta, pensaron era mejor ceder al desenfrenado furor de la gente, y retirarse a la seguridad del pueblo. Llegada, pues, la mañana, montaron a caballo y se fueron al pueblo, llegando este día al pago o estancia de San José.

Hallaron aquí un escuadrón de Miguelistas, que iba al socorro de los suyos, y consternados con los nuevos avisos que habían venido la noche pasada, que el enemigo ya había ocupado el Monte Grande, no sabían determinar lo que habían de hacer. El capitán de este escuadrón (era teniente del pueblo), habiendo recibido después un aviso, se volvió aquella misma noche a dicho pueblo, y mandó que todos los moradores de él, y principalmente los de edad y sexo más débil, se presentasen para huir. De tal suerte arredró también con este aviso a las partidas auxiliares de los otros pueblos que encontró en el camino, que varios de ellos retrocedieron y se volvieron a sus pueblos. Mas, después que se desvaneció este rumor falso, y reconocida la falsedad del caso, los capitanes determinaron que debían esperar a los enemigos, de esta parte de la montaña, y cuando estuviesen empeñados en penetrar los montes a la vista de sus pueblos, habían de pelear hasta dar el último aliento. Por lo dicho había corrido en los pueblos un terror pánico y turbación: mas, como el enemigo no solamente no se acercase a las montañas de San Miguel, sino que se declinaba de las estancias de Santa Catalina hacia el oriente, en las tierras de San Luis, mudaron de pensamiento, y siendo los primeros los Miguelistas, pasaron el bosque, se acamparon a su entrada, y enviaron fieles exploradores, que observasen con cuidado los movimientos del enemigo.

Entretanto, de todas partes venían, movidos con nuevos avisos, nuevos escuadrones, y bastantemente numerosos, los que ya antes habían sido pedidos y se esperaban, y que, con el falso rumor del vecino enemigo y de las muestras, vacilaban y titubeaban. Después de tanta tardanza, los primeros que volaron al lugar de la mortandad que acababa de hacerse, fueron 130 Guanoas, gentiles confederados; quienes, viendo el destrozo o estrago de los suyos, y el campo sembrado de cadáveres, gimieron, y también derramaron lágrimas. Después vinieron los del pueblo de Santo Tomé, y asimismo los de San Borja, y después los de casi todos los demás pueblos del Uruguay, excepto los de San José y San Carlos: y así había junto cuatro ejércitos de soldados, y se esperaba que restaurarían todo el negocio, a no haber sucedido que las discordias domésticas otra vez dividiesen e hiciesen desparramar como agua a tan numerosos ejércitos antes que se juntasen.

Los primeros que se retiraron de la reunión fueron los Borjistas; porque estos, después de haber visto el lugar de la matanza, y los montones de muertos, acaso horrorizados con aquel espectáculo, o exasperados de alguna palabrilla (porque ahora era la primera vez que venían, cuando ya las cosas iban perdidas) se volvieron a su pueblo, dejando dudoso el motivo. Los Tomistas, por la misma razón o por alguna contienda, también se volvieron, y se decía que habían muerto a un noble Miguelista, porque jamás apareció.

Los de San Ángel, desde que salieron de su pueblo, ya venían enfurecidos, y cuando encontraban a los Miguelistas, los despojaban de los caballos y armas, en venganza, decían, de que en sus tierras habían perecido tantos de sus parientes: y habiéndose ido al pueblo, que poco ha se había quemado en la montaña, allí se arrancharon; y aunque repetidas veces se les pidió, y convidó a que se uniesen con la demás gente que estaba en Santa Catalina, no se pudo conseguir. En este interin cuantas cosas encontraban, las pisoteaban o destruían: es a saber, mataron las ovejas, desbarataron el techo de la casa de los padres, que por su teja y ladrillo había quedado en pie, y sacando las cosas que estaban enteras, las hacían como tributo, o paga de alguna culpa. Movidos finalmente los Miguelistas con estas cosas, como ya también ellos se volviesen, habiéndose desparramado algunos, después de alguna contienda de palabras, vinieron a las armas y los embistieron cercándolos, porque estaban a caballo, y aquellos a pie: de una y otra parte hubo heridas, pero no pasó adelante la cosa.

Los Juanistas, Luisistas y Lorenzistas fueron volando a las entradas de su bosque, o a las abras de las montañas, por la parte que mira a sus estancias, porque hacia aquella parte como dijimos, el enemigo había declinado. El capitán de la Concepción, Neenguiru, habiendo enterrado los muertos, se retiro a sus estancias, los de San Nicolás a las suyas, y los otros a otras partes.

Cuando las cosas sucedían a los indios tan poco favorables para con el enemigo, llegó de Europa lo más fatal: porque ahora debemos tratar de cartas, escritos y edictos. Diremos primeramente ¿que contenían las cartas que vinieron de los reales de los enemigos? Estando, pues, acampado el enemigo en los campos de San Luis, a la orilla del río Guacacay, se recogió todo el ganado de este pueblo que ya estaba disminuido con la guerra, y se tomó sin ningún impedimento, y una parte de él envió a las tierras de los portugueses, reservando lo demás para su sustentación o mantenimiento. Después de esto, envió a sus casas algunos cautivos de cada uno de los pueblos, con dos cartas de un mismo tenor para cada pueblo: una venía en idioma español y otra en guaraní: en ambas exageraba su clemencia, y principalmente en el cuidado de los heridos, y que con su paso tardó quería mover la barbaridad de los indios, causa de tantos desastres, y que con tantas muertes de sus parientes se mostraban inmobles a los llantos de tantas viudas y pupilos; que si no venían con sus curas y cabildos humillados, y pedían perdón, habían de sufrir el último rigor y suplicios. Estas cartas se enviaron con otras que trajeron, y se entregaron a los pueblos: no respondieron a ellas.

Por entonces se fulminó de España la última decretoria sentencia, la que, como se decía, trajo un navío por el mes de febrero: el tenor de ella es este:

—«Que de lo alegado y probado en el modo posible está cierto el rey, que los individuos de la Compañía únicamente tenían la culpa de la resistencia de los indios: por tanto, que diesen corte para que el tratado real se ejecutase a la letra, y el negocio se cumpliese indispensablemente. Ni aquella severidad, ni la del marqués de Valdelirios, intimada al prelado de la Provincia, sirvió de algo, enviándole expuestas las cosas que están dichas antes: y así después rigorosamente prohibía toda apelación, e imperiosamente mandaba al padre provincial, que inmediatamente pasase a las Misiones a componer las cosas: y no haciéndolo así, declaraba a los padres reos de lesa majestad, y prevenía que se aplicaría el castigo competente a semejante crimen, según ambos derechos.»

También nuestro Comisario renovó las censuras, preceptos y amenazas, de que antes hemos hecho muchas veces memoria. Que el confesor del rey, aunque en público había sido despachado honoríficamente, pero que en oculto, con una reprensión severa había sido privado, y que toda la Compañía había incurrido en la indignación real. Que habían de venir en el próximo mayo 1.000 soldados veteranos, y más, si fuesen necesarios, y cuantos se pidiesen para avivar la guerra. Por tanto, que se mandaba a los generales que prosiguiesen la guerra, y que si por las dificultades de los caminos no pudiesen llegar, que invernasen y fortificasen los reales, mientras llegasen los socorros que se esperaban. Con estas cartas vino también poco después otra semejante del padre provincial de la Provincia, renovando los preceptos y mandatos. Y junto con ella otra del mismo que había respondido al marqués, en la que decía: que había entendido todas las cosas, y que la apelación que se le había entredicho o negado al rey de la tierra, la había de pedir con tanta mayor confianza al rey del cielo, de cuya apelación ninguno ha de ser privado. Después se excusaba de no poderse poner en camino por su poca salud, y hallarse próximo a la muerte; y le añadía, que renovaba todos los mandatos anteriores, y que imponía a los padres todos los preceptos que podía: aunque sabía que todo había de ser vano, como que ni él ni ellos tuviesen dominio sobre tantas y tan libres y tan varias voluntades de los indios: y que si en su voluntad de tal suerte estuviesen incluidas las de los indios, como en la de Adán, las de sus descendientes, o a lo menos como la de los padres misioneros, por medio de la santa obediencia, no dudaría del efecto: mas siendo así, que no esperaba cosa alguna, que el marqués con su agudo juicio le sugiera modo con que esto con más eficacia pueda ejecutarse, o que obligue al señor obispo, que andaba en visita en las inmediatas ciudades, se llegue a estas inmediaciones, y que con su autoridad y suavidad los persuada. Que él así lo juzgaba, y tendría a bien; y lo que es más, que él así se lo pediría, dejando en libertad a los afligidos pueblos, en que ya no había impedimento. Aunque después de publicadas, no faltaron altercaciones o movimientos, especialmente siendo compelidos otra vez los padres a dejar los indios, y a una retirada imposible.

Como estas palabras tan severas, no menos que inicuas y nunca esperadas, arredraban los ánimos de toda la provincia, sabiéndolas los indios, algunos se obstinaron, mas otros avisados y exhortados de los padres, se rendían ya; porque los Luisistas, Lorenzistas y los de Santo Ángel estaban cargando sus cosas, especialmente cuando por segunda vez llegaron a los pueblos otras cartas del capitán general del ejército, en las cuales (eran dos) trataba a los indios con blandura, llamándolos hermanos, amigos, engañados por los malos consejos de un ánimo codicioso; y por tanto que no creyesen a otro sino a él; que ya sus padres habían caído de la gracia del rey, de lo que era señal haber repudiado su confesor, y que el monarca en adelante daría muchos argumentos de su severidad: que conociesen su buen ánimo, y quisiesen confiarse de él, y que, ejecutando prontos lo que les mandaba, mejorarían su situacion.

Con los padres empero usaba de amenazas, y exageraba la matanza, echándoles a ellos la culpa; porque siendo así, que en otras ocasiones conseguían de los indios todas las cosas, ahora que tanto interesaba a la fe o palabra real, y a sus intereses, se estaban remisos en mano sobre mano. Que había la esperanza de conseguir la real clemencia, si persuadían a los indios, y los padres mismos en persona viniesen a él con los caciques y cabildos rendidos y humillados: porque si no lo hacían así, luego al punto había de ejecutar todo lo contrario, vistas y oídas las cosas.

Los Luisistas fueron los primeros que enviaron nuncios con cartas para el capitán general, en las cuales prometían que se habían de mudar como les volviesen los cautivos, y les señalasen tierras a propósito, las que en vano antes habían buscado. Los Lorenzistas rehusaban semejante legacia, pero se sujetaban al parecer de uno. Los de Santo Ángel ya habían hecho otra semejante carta, y enviaron veinte hombres al Monte Grande, hacia el pueblo de San Javier, a disponer el camino. Pero después se perturbaron todas las cosas por la pertinacia y sugestiones de los demás pueblos, y porque diez caciques de la Concepción vinieron acá donde estabamos. Hicieron arrepentirse a los Luisistas de su sumisión, y mucho más el enviado que volvió del gobernador, el que se resintió del semblante demasiadamente serio con que fue recibido, y a más de esto, por no haber conseguido se les diesen sus cautivos; y más que todo, porque la carta de respuesta no se había remitido a los indios, sino al cura, y está sobradamente seca e insípida. «No es esta la respuesta, decían, por la cual se ha de entrar a la clemencia del rey. Debíase omitir que el cura con sus feligreses saliese humillado, por estar esto bastantemente insinuado, en vano esperado, y no haber otro remedio.» Ofendidos, pues, con estas cosas, volvieron a la antigua obstinación, y así dispusieron nuevas tropas contra el enemigo, en número de 400.

Los Lorenzistas también, amedrentados por sus soldados que habían vuelto, mudaron de parecer, o por mejor decir, lo suspendieron. Los de Santo Ángel empero, habiendo quitado por fuerza las cartas al correo en el paso del Iguy, en donde los militares superiores estaban fabricando un fuerte, y pasando después al pueblo, embistieron armados, y pidieron para deponer al corregidor, o cabeza del cabildo, el que era autor de dichas cartas. No obstante se apaciguaron los amotinados, emprendieron otra cosa, sino solamente que los que estaban abriendo la selva, con amenazas se les mandó cesar en el trabajo. Se recogieron pues en todas partes nuevas tropas, que se aprontaron después contra el enemigo.

Entretanto que los indios disponían estas cosas en sus pueblos, el enemigo se acercó a las ásperas montañas, llenas de bosques, en aquella parte donde está el camino más arduo, y para las carretas, casi imposible. No halló resistencia alguna, después de algunos pequeños reencuentros de casi ningún momento, fuera de uno u otro. El uno fue, que al paso de un monte, en donde los indios se habían fortificado con empalizadas, fueron desalojados con una numerosa porción de tiros. El otro, que queriendo los enemigos entrar al bosque o selva, un indio de a caballo, que era tenido por cobarde entre sus compañeros (era Lorenzista) acometió al cuerpo del enemigo, y dejándole este entrar corriendo por medio de los escuadrones que se habían abierto, y disparándole todos, volvió a los suyos sin lesión. Pero, siendo pocos los que debían defender el camino, aunque insuperable, ocupó el enemigo el Monte Grande, y trepando la caballería, hasta pasar las asperezas de las montaña, se mantuvo en el desfiladero de la salida, y así quedó seguro el bosque para la infantería.

Puesta ya en salvo está, se empeñó el enemigo en un trabajo ímprobo, de hacer volar con minas los peñazcos durísimos: dividió en piezas las carretas, arrastró las ruedas con tornos, y transportó todas las demás cosas en hombros de negros, y de los indios cautivos, con el trabajo de un mes, y aun quizás más. Se trabajó tanto, que al tercer día de Pascua todo el ejército estuvo en el pago, o estancia de San Martín. Estando aquí el enemigo, los Miguelistas le entregaron dos cartas, en las cuales les protestaban que ellos de ningún modo habían de ceder sus tierras, sino que se habían de resistir todo lo que pudiesen. Las recibió con escarnio o mofa, y se les respondió, que les convenía obrar al ejemplo de los de San Luis. Y aunque los vecinos de Santa Fe, y los de las demás ciudades decían, que ellos marchaban forzados, con todo, ambos generales, español y portugués, con su presencia urgían el viaje.

Por esta razón, el domingo después de Resurrección, movieron los reales, se encaminaron hacia los pueblos, y llegaron a la estancia de San Bernardo, que es del pueblo de Santo Ángel, al domingo siguiente, con marcha de una semana, siendo en otras ocasiones camino de un día, y en las cercanías de esta estancia los esperaba escondidos y en silencio el ejército de los indios, por consejo de los gentiles Guanoas y Minuanes.

Después del segundo domingo, día 3 de mayo, como bajasen de la estancia de San Bernardo a las cabeceras del arroyo llamado «Ibabiyu», que está a la vista de la estancia de San Ignacio, de la jurisdicción de San Miguel, salieron de repente 2.000 indios de los escondrijos, en donde se ocultaban, y se extendieron por las cumbres de los opuestos collados, y se formaron en media Luna: los de a pie se mantuvieron en las colinas; pero la caballería, capitaneada por los gentiles, a toda carrera acometió al enemigo. Este, juntando sus carros en círculo, formó una fuerte trinchera, y a la frente extendió sus escuadrones, y porque estaba defendido con artillería y armas de fuego, la vanguardia se empeñó en el combate, manteniéndose así hasta la noche. Mataron algunos españoles, mas no se sabe el número: porque unos dicen que fueron muchos, otros doce, y otros menos. De los indios murieron seis de Santo Ángel, un Nicolasista, un Miguelista, y no más.

Al acabar la noche siguiente, se arrimaron los indios a la trinchera del enemigo, y si hubieran hecho las cosas con silencio, les hubiera salido bien su estratagema: mas como se acercasen de repente con gritería, los sintió todo el ejército: entonces despertándose el enemigo, se puso sobre las armas, y casi por todo el día duró la guerrilla, pero sin especial ventaja; salvo que los de la Cruz quitaron una tropa de caballos al enemigo, habiendo muerto tres de los que la custodiaban: de parte de los indios solo murió un gentil.

El día 5 de mayo los indios debían repetir el ataque, mas el enemigo en el silencio de la noche, fingiendo retirarse, como viese que los indios habían ido a ocupar los caminos que tenían por la espalda o retaguardia, de repente se dirigió hacia los pueblos y marchó formado en batalla. Con cuya repentina astucia, quedándose perplejos los indios, volaron por los atajos que ellos sabían, al paso o vado de un riachuelo, llamado «Chuniebi», el cual no dista del pueblo de San Miguel, sino escasamente 5 leguas. Aquí fortificaron el vado, y orillas del río con estacadas, y habiendo sacado del pueblo de San Miguel dos cañones de hierro, y fabricados a toda prisa otros cinco de madera durísima (llamanla «Tajibo», y los indios «Tayi») se apostaron los Miguelistas para defender el referido paso. Los demás insensiblemente se volvían a sus pueblos vecinos, a cuidar, como decían, de salvar a mujeres, hijos e hijas.

El enemigo entretanto estuvo detenido los cuatro días siguientes en el pago o estancia, dicha «Ibicua», parte por las lluvias, parte por otras razones. Aunque estaba ya tan vecino el enemigo, no se podían bastantemente persuadir los indios de salvar sus cosas. Finalmente por la mañana se juntaron los Miguelistas a llevar las alhajas más preciosas del templo hacia el arroyo Piratini, a una hermita hecha de céspedes, de un pueblo antiguo, y con esta ocasión se persuadió lo mismo a los de San Lorenzo, y después a los Juanistas y Angelotes. Pero con flojedad llevaban las dichas cosas, y no a mayor distancia que la de 2 leguas del pueblo.

El día 10 de mayo se acercaron los enemigos al río: pero recibidos con la artillería que estaba oculta en la selva, fueron muertos, según dicen, sesenta y cuatro, incluyendo en este número los que mataron los gentiles en los reencuentros. No obstante, pasaron adelante, retrocediendo los que defendían las orillas del riachuelo.

El día 11, entrando algunos Nicolasistas con otros soldados al pueblo de San Miguel, sacaron toda la gente del sexo y edad más débil, y así salieron las mujeres y casi todos los niños, que se desparramaron por los campos hacia el Piratini.

Día 12. Habiéndose el enemigo acampado en las canteras del pueblo, distante casi 3 leguas de él, y ya a la vista, al caer de la tarde, los padres del pueblo de San Miguel se fueron huyendo también al dicho Piratini, no salvando nada del pueblo de San Miguel, sino que escondidas acá y acullá, y enterradas las cosas, se fueron. Esto se hizo por falta de bueyes y de caballos que llevasen los trastes en carros; porque en estos días, moviéndose, como es costumbre, una disención entre los indios, no sé por qué sospecha, originada de que se hubiesen dado caballos a un paisano, llamado «Tary», que se había pasado a los enemigos, que aquel los tenía bastantemente gordos, viniendo los demás españoles en flacos y exaustos, como los soldados de los otros pueblos, quitaron a los pobrecitos Miguelistas casi todos los caballos y bueyes. De aquí nació que, después de la salida de los padres, los soldados de los otros pueblos, especialmente los de San Nicolás, los Angelotes y Tomistas, pillaron todos los bagajes y el bastimento que se había dejado en el pueblo, habiendo hecho pedazos las puertas, y aporreado al portero, se llevaron cuanto encontraron: y después de saqueada la casa de los padres, le pegaron fuego: el que, tomando cuerpo en los techos, descubrió muchas cosas que estaban escondidas en los entablados, dejando por presa de los indios lo que no consumía. También pegaron fuego al pueblo, pero la gran lluvia que cayó esta noche apagó el incendio, quemándose toda la casa de los padres, mas no la iglesia, a la que perdonaron las llamas, dudándose si atajado por el Santo Patrono San Miguel, o por sus altos paredones de piedra.

Entretanto, los padres, con toda la gente del pueblo, pasaron la noche muy lluviosa en el campo, sin tiendas. No obstante, las trajeron al día siguiente, 13 de mayo, y en el pueblo, habiéndose quedado encerradas en su claustro las mujeres, que llaman «recogidas», como viesen las llamas, y sospechasen lo que era, golpearon fuertemente las puertas, y al cabo los del lugar las soltaron, y los de San Ángel las llevaron a su pueblo. Los moradores de los demás que estaban aquí, midiendo ya su mal por el ajeno, empezaron con mucha actividad a poner en salvo las cosas del pueblo.

Libros a la carta

A la carta es un servicio especializado para
empresas,
librerías,
bibliotecas,
editoriales
y centros de enseñanza;
y permite confeccionar libros que, por su formato y concepción, sirven a los propósitos más específicos de estas instituciones.

Las empresas nos encargan ediciones personalizadas para marketing editorial o para regalos institucionales. Y los interesados solicitan, a título personal, ediciones antiguas, o no disponibles en el mercado; y las acompañan con notas y comentarios críticos.

Las ediciones tienen como apoyo un libro de estilo con todo tipo de referencias sobre los criterios de tratamiento tipográfico aplicados a nuestros libros que puede ser consultado en Linkgua-ediciones.com.

Linkgua edita por encargo diferentes versiones de una misma obra con distintos tratamientos ortotipográficos (actualizaciones de carácter divulgativo de un clásico, o versiones estrictamente fieles a la edición original de referencia).

Este servicio de ediciones a la carta le permitirá, si usted se dedica a la enseñanza, tener una forma de hacer pública su interpretación de un texto y, sobre una versión digitalizada «base», usted podrá introducir interpretaciones del texto fuente. Es un tópico que los profesores denuncien en clase los desmanes de una edición, o vayan comentando errores de interpretación de un texto y esta es una solución útil a esa necesidad del mundo académico.

Asimismo publicamos de manera sistemática, en un mismo catálogo, tesis doctorales y actas de congresos académicos, que son distribuidas a través de nuestra Web.

El servicio de «libros a la carta» funciona de dos formas.

1. Tenemos un fondo de libros digitalizados que usted puede personalizar en tiradas de al menos cinco ejemplares. Estas personalizaciones pueden ser de todo tipo: añadir notas de clase para uso de un grupo de estudiantes, introducir logos corporativos para uso con fines de marketing empresarial, etc. etc.

2. Buscamos libros descatalogados de otras editoriales y los reeditamos en tiradas cortas a petición de un cliente.

Lk

www.ingramcontent.com/pod-product-compliance
Lightning Source LLC
LaVergne TN
LVHW101917190826
846094LV00002B/41

* 9 7 8 8 4 1 1 2 6 0 0 4 6 *